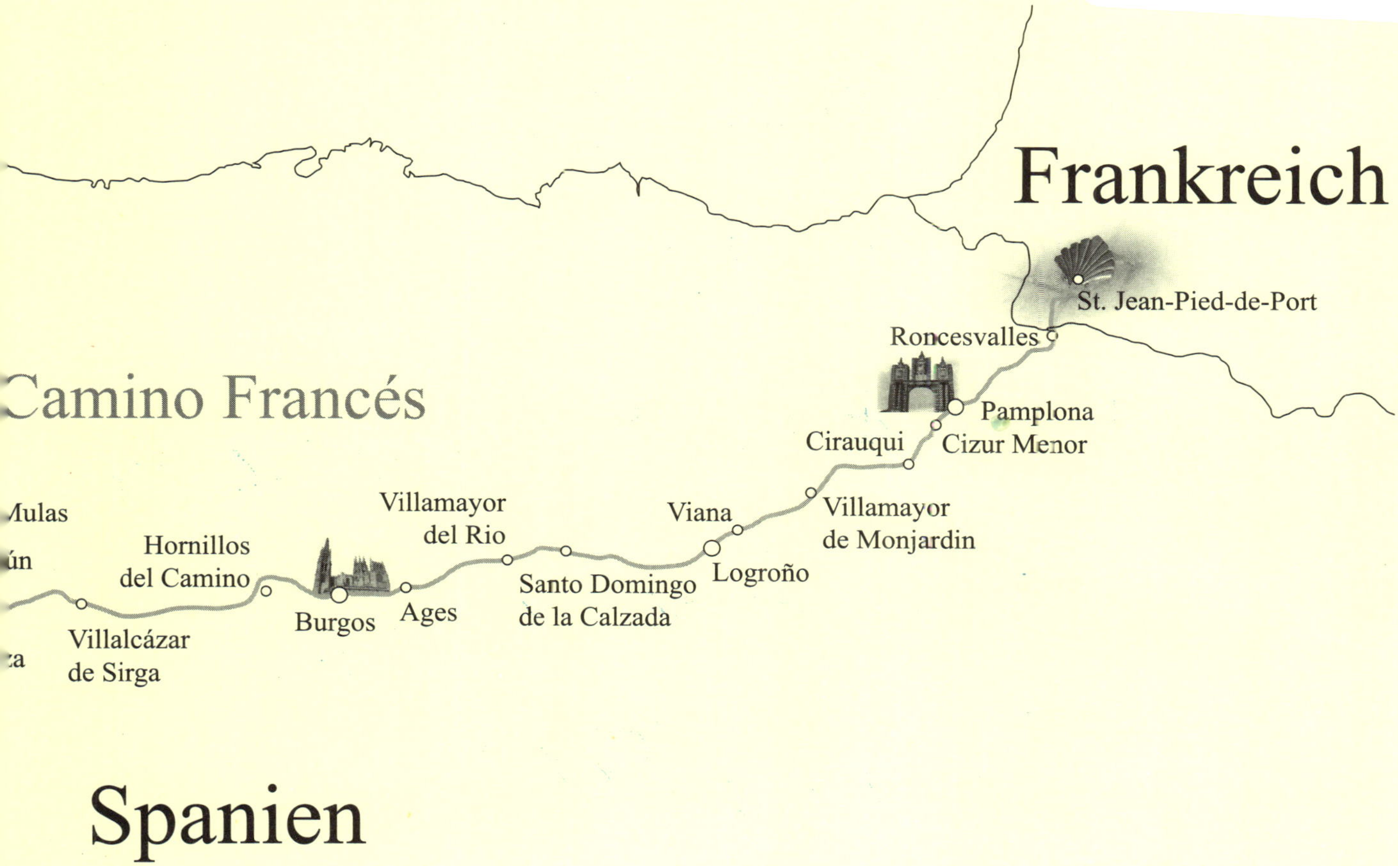
Frankreich
St. Jean-Pied-de-Port
Roncesvalles
Camino Francés
Pamplona
Cirauqui
Cizur Menor
Villamayor
de Monjardin
Viana
Logroño
Villamayor
del Rio
Santo Domingo
de la Calzada
Ages
Burgos
Hornillos
del Camino
Villalcázar
de Sirga
Spanien

Von einem, der auszog, das Pilgern zu lernen
Band 2
Nach Hause geht's über Santiago

Text und Fotos: Hermann Wenzel
Foto des Autors auf der Rückseite: unbekannte Spanierin am Cruz de Ferro
Foto des Autors bei der Vita: Michelle Waldorf, USA, auf dem Camino Francés
Wegeskizze: Karel Stumpf, www.karelstumpf.de
Umschlaggestaltung: Mel Bartholomä-Mühle, www.meldorado.de

1. Auflage

Impressum
ratio-books • 53797 Lohmar • Danziger Str. 30
info@ratio-books.de (bevorzugt)
Tel.: (0 22 46) 94 92 61
Fax: (0 22 46) 94 92 24
www.ratio-books.de

ISBN 978-3-939829-30-0

published by

ratio books

Für

Katharina

Die Zeit ist ein Fluss, der durch die Landschaft der Erinnerungen fliegt.

Ultreia, Ultreia et Suseia, Deus, adjuva nos!
Vorwärts, immer weiter und aufwärts, Gott helfe uns auf unserem Weg!
Quelle: http://www.pilger-weg.de

Vorwort

Im ersten Band „In 44 Tagen bis zum Ende der Welt“ habe ich über meine erste Pilgerfahrt im Jahre 2009 auf dem Camino Francés von Saint-Jean-Pied-de-Port nach Santiago und weiter nach Fisterra und Muxía berichtet.

Im Januar des Heiligen Jahres 2010 und im Februar 2011 bin ich ab Porto den Caminho Português gepilgert, im Jahr 2010 hatte ich in Santiago noch so viel Schwung, dass ich spontan 250 Kilometer den Camino Francés rückwärts bis nach Astorga gegangen bin. Diese beiden Pilgerfahrten sind in diesem Buch beschrieben. Die Karte zeigt den kompletten Camino Francés und den Caminho Português.

Im September 2010 bin ich ab Haustür bis Schengen via Köln den Jakobsweg gepilgert und im Mai 2011 dann die Rücktour von Schengen via Bonn nach Hause. Spontan war dann mein Entschluss, meine Pilgerfreundin Michelle aus Florida auf der Via Francigena ab Canterbury im Juni 2011 zu begleiten. Bis nach Tergnier sind wir in den dreizehn Tagen, die Michelle Zeit hatte, gekommen. In den nächsten Jahren wollen wir zusammen abschnittsweise immer weiter bis Rom gehen. Hoffentlich wird dieser Plan Wirklichkeit.

Die schriftlichen Berichte über meine Caminos nehmen einen großen Raum in meinem Alltag ein. Das kostet zwar Zeit, doch die Beschäftigung mit meinen Pilgerfahrten gibt mir unheimlich viel Kraft, genauso wie die Pilgerfahrten selber. Schön sind die vielen Gespräche mit Freunden und Bekannten über das Pilgern. Immer wieder taucht dabei die Frage auf: „Was ist der Unterschied zwischen Pilgern und Wandern?“ Ich habe darauf keine allgemeingültige Antwort. Die Bergtouren mit meinen Wahlscheider Bergfreunden oder eine Wanderung mit meinen Stammtischbrüdern ist für mich eine Wanderung. Pilgern ist für mich das Losziehen auf einem der alten Pilgerwege, das Spontane bei den Etappen, das Verweilen in so gut wie jeder Kirche am Wegesrand. Und vor allem das Zu-mir-Kommen durch das Alleinlaufen, denn auch wenn ich mit Michelle zusammen pilgere, laufen wir doch lange Strecken für uns allein.

Eine schöne Definition für den Begriff „Pilgern“ habe ich auf der Seite der Santiagofreunde Köln gefunden: „Pilgern ist ein geistig durchdrungenes und zielgerichtetes Gehen, das ein Überdenken der eigenen Ausrichtung anstößt und in letzter Konsequenz zu personaler Veränderung führt.“ (http://www.santiagofreunde.de)

Ich hoffe, noch lange pilgern und Rom und Jerusalem als Pilger sehen zu dürfen.

Weitere Informationen:

Die Berichte über die in diesem Buch beschriebenen Pilgerfahrten und auch die über meine anderen Pilgerfahrten sowie alle Bilder in Farbe dazu stehen online auf meiner Homepage http://www.hermann-the-german.de
Sie finden in diesem Buch zwei Schreibweisen für das Wort Camino, die spanische Version „Camino“ und die portugiesische „Caminho“. Immer wenn ich vom Weg – meinem Weg – im übertragenen Sinne oder vom Camino Francés spreche, wähle ich die spanische Schreibweise. Wenn es um den Caminho Português geht, wähle ich das portugiesische „Caminho“.

Danksagungen:

Ich bedanke mich bei allen meinen Freunden und Freundinnen daheim und weltweit, die mir immer wieder die Kraft geben, meinen Weg zu gehen.
Ich bedanke mich bei den Portugiesen, Spaniern, Engländern und Franzosen, die für mich immer zuvorkommende Gastgeber waren.
Ich bedanke mich bei allen Lesern für die positive Resonanz auf meinen ersten Band, die mich ermutigt hat, diesen zweiten Band anzugehen.
Ich bedanke mich bei Dagmar und Franz, die sich durch meine Tippfehler und oft nachbearbeitungswürdigen Texte gearbeitet haben.
Ich bedanke mich bei meiner Pilgerfreundin Mel aus Nürnberg, die wieder das wunderbare Cover zu diesem Buch gestaltet hat.
Ich bedanke mich bei meinem Pilgerfreund Karel aus Würzburg, der die Wegskizze des Camino Francés um die des Caminho Português erweitert hat.
Das größte Dankeschön gilt selbstverständlich meiner Lebenspartnerin Katharina, die mich immer wieder ziehen lässt und sich derweilen zu Hause um alles kümmert.

Kapitel 1

Das heilige Jahr 2010

Prolog: Einmal ist keinmal

Donnerstag, den 03. Dezember: Die Idee

Das triste Wetter im November baut die gespeicherte Sonnenenergie in mir wieder einmal viel zu schnell ab. Also stellt sich die Frage, wo ich im Januar neue Sonne tanken kann. Nachdem ich einmal die ganze Welt gedanklich durchgegangen bin, fällt die Wahl auf den Weg Porto --> Santiago. Der Pilgervirus sitzt tief, der Camino hat mich gepackt. Mein Päckchen ist auf dem letzten Camino zwar viel kleiner geworden, aber es ist noch etwas Päckchen da, genug für eine neue Pilgerfahrt. Katharina stimmt in Sekundenschnelle zu: „Ich habe gemerkt, dass es dir guttut", lautet ihre Antwort auf mein „Danke!".

Also wird sofort der Flug nach Porto für den 5.1.2010 gebucht. Denn das habe ich beim letzten Pilgerausflug gemerkt: Schritt eins ist die Entscheidung, dass ich gehe, Schritt zwei, von wo, Schritt drei, wann, Schritt vier, wie komme ich dahin? Gut, diesmal habe ich alle vier Schritte in einer Woche geschafft. Es kann nichts mehr schiefgehen. Um den Rest werde ich mich später kümmern. Warum soll ich planen, wenn ich es doch einfach geschehen lassen kann.

Der Pilgerpass ist aus Aachen eingetroffen, meine Pilgerfreundin Martina aus Hamburg hat mir den Führer herausgesucht und ich habe ihn in der Abtei-Bücherei in Siegburg erstanden, diesmal ist es der gelbe von Outdoor: http://www.caminho-portugues.de/Buch.htm. Klar, ich hätte ihn einfacher im Internet bestellen können, so ist es jedoch stilvoller. Nun weiß ich auch, dass es nur 235 Kilometer sind. Der Weg ist einsamer: „Wir haben in den Sommerferien bis Tui immer nur dieselben acht bis zehn Pilger getroffen! Aber du bist in dieser Jahreszeit bestimmt der einzige auf weiter Flur", schreibt Ulrike mir in einer Mail. Es wird ein anderer Weg werden als mein erster Camino. Im gleichen Schreibwarenladen in Köln, in dem ich das Tagebüchlein für den Camino Francés erstand, fiel mir für meine Notizen ein Büchlein mit Goldschnitt in die Hand. Schön, dass ich Muße für Kleinigkeiten habe und mich darüber freuen kann.

Dienstag, den 15. Dezember: Traue ich mich?

Die Frage, ob ich im Januar losgehe, ist entschieden. Ich gehe los, Neid liegt in den Reaktionen von Hamburg über Florida bis Neuseeland. Von Nina aus Finnland bekomme ich per Mail virtuell das Licht geschickt, das ich in der dunklen Jahreszeit für den Weg brauchen werde.

Ulrike aus dem Nachbardorf hat mir prophezeit, dass ich keinen anderen Pilger um diese Zeit treffen werde. Doch der Flug ist gebucht – gut so – und es gibt keinen Rückflug, denn wohin mich diese Pilgerfahrt führt, ist offen: zu Fuß nach Santiago, nach Florida, Ägypten oder wo sonst die Sonne scheinen mag, die mir in der dunklen Jahreshälfte das Leben leichter macht. Zwar zieht es mich zum Abendmahl nach Santiago, das ich erlaufen möchte. Mich drängt es danach, den Camino, meinen Camino, nicht nur im Sonnenschein, sondern auch im Dunkeln zu schaffen, zu gehen, meinem Leben nachzulaufen. Doch mein erster Camino hat mich Gelassenheit gelehrt: Wenn es nicht passt, dann habe ich meine goldene Kreditkarte, ich Glücklicher, und werde den ersten Flug in die Sonne aus der Abflugtafel heraussuchen – das Universum hat mir nicht nur einen, sondern drei doppelte Böden eingezogen – danke Universum, danke Gott! Und doch hoffe ich, dass es Santiago sein wird. Die wetterunabhängige Sonne wird mich leiten und das Licht von Nina aus Finnland!

Sonntag, den 20. Dezember: Heute habe ich es gesehen

Es hätte mir schon auf den letzten drei Etappen meines ersten Caminos (Francés) auffallen können. Alle Felder des Pilgerpasses waren voll und so hatte ich mir die letzten drei Stempel auf die Rückseite geben lassen. Erst als ich den Pilgerpass heute noch einmal hervorhole und einscanne, weil Michelle doch Stempel so liebt, fällt es mir wie Schuppen von den Augen: Der Caminho Português verläuft gleich nebenan von diesen drei Stempeln.

Consideraciones necesarias:

❖ Esta credencial es sólo para los **peregrinos a pie, bicicleta o a caballo,** que deseen hacer la peregrinación con sentido cristiano, aunque sólo sea en actitud de búsqueda. La credencial tiene el objetivo de identificar al peregrino, por eso la Institución que le presenta deberá ser una Parroquia, Cofradía, Asociación de Amigos del Camino de Santiago, etc. **La credencial no genera derechos al peregrino.** Tiene dos finalidades prácticas:

- El acceso a los **albergues** que ofrece la hospitalidad cristiana del camino, y
- Para solicitar la **"Compostela"** en la Catedral de Santiago, que es la certificación de haber cumplido la peregrinación.

❖ La **"Compostela"** se concede sólo a quien hace la peregrinación con sentido cristiano: *devotionis affectu, voti vel pietatis causa,* **y sólo a los que llegan hasta la tumba del Apóstol, habiendo recorrido al menos los 100 últimos kilómetros a pie o a caballo, o 200 km en bicicleta.**

❖ La credencial del peregrino, por tanto, sólo puede expedirla la Iglesia a través de sus instituciones propias (Obispado, Parroquia, Cofradía, etc) o autorizadas (Federación de Asociaciones, Asociación de Amigos del Camino de Santiago, etc). Sólo así podrá concederse la "Compostela" en la S.A.M.I. Catedral de Santiago (*Jornadas sobre el Año Santo: noviembre 1993*).

❖ Los refugios carecen de subvenciones y deberían mantenerse, dentro de su austeridad, con la colaboración de los peregrinos (limpieza, cuidado de las instalaciones, facilitar el descanso, ayuda económica...)

❖ Los grupos organizados con coche de apoyo o en bicicleta, se ruega que busquen cobijo alternativo distinto de los refugios de peregrinos.

❖ El portador de la presente credencial, acepta estas condiciones.

3.10.09 03.10.09

BENDICIÓN DEL PEREGRINO:

"En nombre de Nuestro Señor Jesucristo, recibe este morral hábito de tu peregrinación para que castigado y enmendado te apresures en llegar a los pies de Santiago, a donde ansías llegar, y para que después de haber hecho el viaje vuelvas al lado nuestro con gozo, con la ayuda de Dios, que vive y reina por todos los siglos Amén.

Recibe este báculo que sea como sustento de la marcha y del trabajo, para el camino de tu peregrinación, para que puedas vencer las catervas del enemigo y llegar seguro a los pies de Santiago y después de hecho el viaje, volver junto a nos con alegría, con la anuencia del mismo Dios, que vive y reina por los siglos de los siglos Amén."

(C. Calixtinus Sermón "Veneranda dies" LI, c XVII)

CREDENCIAL AUTÉNTICA de la Catedral de Santiago y Asociaciones, para todos los peregrinos. Prohibida su reproducción. Imprime: Agencia Gráfica. Dep. Legal: C-618/1989. Donativo: 0,50 €

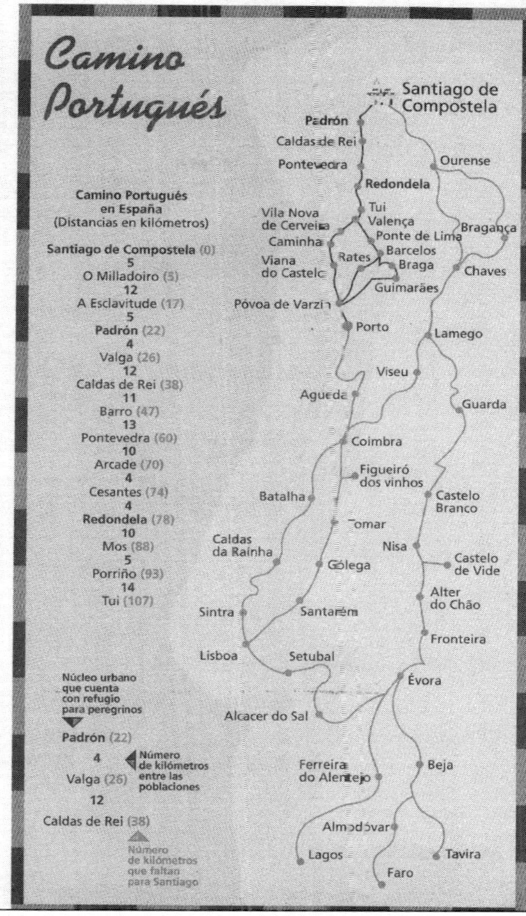

Montag, den 04. Januar: Beim zweiten Mal ist alles anders

Heute Morgen war alles noch so weit weg, heute Abend kam auf einmal Unruhe auf. Die stand eigentlich erst für morgen auf dem Plan. Nach dem ersten Schritt (Flug nach Porto buchen) hatte ich das Reisefieber so schön auf Eis gelegt. Doch alles ist geregelt. Die paar Punkte, die noch auf der To-do-Liste stehen, habe ich als unwichtig eingestuft und sie können bis Februar warten.

Sogar die Muße, mir eine CD zu bestellen und anzuhören, hatte ich in den letzten Tagen. Ihr Thema: Lächeln. Ich wollte immer schon ein Buch über das Lächeln schreiben. Der Arbeitstitel war „Lächeln säen, Lächeln ernten". Säen dann, wenn ich die Kraft dazu habe, ernten so, dass ich die Energie dann zurückbekomme, wenn ich sie dringend brauche. Ich kann mir dieses Büchlein sparen, war mein Gedanke, als ich die CD bestellte. Ich habe erst einen Teil gehört, er hat mich weitergebracht. Ich habe gefunden, was ich selber empfunden, jedoch noch nie formuliert hatte. Ich werde bald noch einmal den Weg nach Santiago einschlagen, Pilgern zum Grab eines Apostels. Ich, der „Evangele“, ich, der ich derzeit mit dem Christentum ringe, gehe einen Pilgerweg. Ich mag die „Oh Haupt voll Blut und Wunden“-Ausprägung des Christentums nicht. Derzeit ist mir eine Weisheit des Buddhismus näher: „Lächeln pflanzen“.

Katharina I. sagte heute beim Abschiedsessen: „In der westlichen Welt haben wir Depressionen, weil wir vereinsamen. In der östlichen Welt haben wir Depressionen, weil wir nie alleine sind.“ Also mal sehen, ob ich den berühmten Mittelweg auf meinem Camino finde.

Dienstag, den 05. Januar: Anreise nach Porto

Das heilige Jahr 2010, mein zweiter Camino, nur ein kurzer von Porto bis nach Santiago, beginnt. Stillos, jedoch bequem fliege ich nach Porto, mit 75 Euro ist das die preisgünstigste Methode. Gestern Mittag fing ich an, aufgeregt zu werden. Einiges an Schriftkram war noch im Briefkasten und ich hatte das Bedürfnis, alles noch zu erledigen. Katharina war wie gewohnt traumhaft, vermittelte Ruhe. Prima war auch, dass ich es am Morgen noch geschafft hatte, Felicitas auf Gran Canaria zu erreichen, und dass sie uns für Anfang März dort ein Apartment besorgen konnte. Felicitas und Jutta lernte ich auf dem ersten Camino am Kap Finisterre kennen und als Dank für ein paar Fotos versprachen sie mir eine Stadtführung auf Gran Canaria. Beim Abschied sagte Katharina dann: „Es ist schön, dass es etwas gibt, auf das wir uns freuen können.“ Ja, es ist schön, irgendwohin zu fahren und dort freundlich empfangen zu werden. Alles ist so einfach.

Ich sitze im Flugzeug und bin gerade in Gedanken die Packliste durchgegangen, Routine seit dem ersten Camino beim Auszug aus jeder Herberge. Wäscheklammern habe ich vergessen. Ob ich herausfinde, was „Wäscheklammer“ auf Portugiesisch heißt? Ich kenne das Wort noch nicht einmal auf Englisch. Der erste Einsatz meines Spanischwörterbuchs wird also schon in Porto stattfinden. Alternativ könnte ich große Sicherheitsnadeln einsetzen – mein Gedankenniveau ist schon ganz auf Camino-Ruhe heruntergefahren. Nur die unwichtigen, leicht lösbaren Kleinigkeiten beschäftigen mich.

Anders als beim ersten Camino waren die Wünsche beim Abschied. Freunde und Bekannte aus dem Ort hatten rund um Weihnachten einen guten Weg mit in die Wünsche eingeschlossen. Die Pilgerfreunde haben gestern und heute früh noch per Mail und Facebook gute Wünsche mitgegeben. Manni und Lijgien bekamen mit, dass ich auf Stöcke verzichten will, und haben mich so nachhaltig „beraten", dass ich gegen Mitternacht noch einmal in den Keller gestiegen bin und die Stöcke sach- und fachgerecht am Rucksack befestigt habe. Sollte ich die Stöcke nicht gebrauchen, werde ich zwei bis drei Sekunden nicht mit den beiden reden.

Porto hat eine Metro, ich hätte es vorher lesen können. So erfahre ich das, als ich die Information brauche, wie ich in die Stadt komme. Zunächst noch einmal ein Rundgang durch den Flughafen. Ich hatte in Köln vergessen, mir die Meilen auf die Karte buchen zu lassen. Der Flughafen ist groß, ich kenne ihn nun gut. Der Schalter meiner Airline ist geschlossen. Ich frage mich durch und darf dahin laufen, wo ich gestartet bin. Nach dem langen Sitzen im Flugzeug tut die Bewegung gut. Die Dame am Schalter ist nett und ich brauche das für den Flug notwendige Papier nicht zu entsorgen, sondern es wird am Monatsende an „meine" Airline geschickt.

Diesmal nehme ich nicht die Treppe, sondern den Fahrstuhl zur Etage „Minus eins". Am Fahrscheinautomaten überlege ich, komme nicht auf die Idee, die englische Fahne zu drücken. Eine nette Dame spricht mich an, entscheidet gleich meinen Zielbahnhof mit und 1,95 Euro später habe ich einen Fahrschein, den ich nachladen kann, so wird mir erklärt. Ich finde die Bahn, grüble aber auf dem Bahnsteig, welchen Zielbahnhof mir die Dame mit auf den Weg gegeben hat. Ein junger Mann spricht mich auf Englisch an. Er kommt bezüglich des Bahnhofs zur selben Entscheidung wie ich. Ich finde den Bahnhof auf dem Plan, zähle murmelnd die Stationen und prompt führen wir unser Gespräch auf Deutsch fort. Er saß im Flugzeug eine Reihe schräg vor mir, aber dort kommt man selten ins Gespräch. Er ist auf dem Weg nach Lissabon, wird dort in einem Architekturbüro arbeiten. Jetzt finde ich in meinem Führer auch einen Stadtplan, lese die Seiten über Porto, bekomme Bescheid gesagt, dass ich aussteigen muss. In der Stadt laufe ich erst einmal los, ich habe ja Zeit und bin zum Laufen hier. Ein Gebäude wird von einem Polizisten bewacht, ich frage nach der Touristeninformation und, klar, die ist nur zwei Ecken weiter. Von der dortigen netten Dame bekomme ich einen Stadtplan, den ersten Stempel in den Pilgerpass und den Hinweis, dass ich mir in der Kathedrale auch einen abholen kann. Ich laufe an vielen Hotels und Pensionen vorbei, keine Tür sagt „Eintreten!“ zu mir. Irgendwann finde ich mich vor einer Kirche, werde von einer Dame angesprochen, ob ich wisse, wo die Kathedrale sei. Ich habe auch keine Ahnung, ich weiß nur, dass ich in Porto bin. Von dort bin ich gekommen, also bleibt nur die entgegengesetzte Richtung übrig. Die Tochter klärt das Weitere bei einer Passantin. Wieder einmal nur zwei Ecken weiter stehen wir vor der Kathedrale. Hier ist der Stempel sicher in der Schublade verstaut. Er wird aus einem Plastikbeutel geholt und ich bekomme meinen zweiten Stempel in den Pilgerpass. Dann darf ich mich noch in die Liste eintragen. Zu einem Drittel ist die Seite schon voll, auch im Dezember sind Pilger in Porto gewesen, gestern war auch einer hier. Noch eine Touristeninformation, noch eine Karte von Porto. Ich frage nach der örtlichen Albergue. Ja, im Feuerwehrhaus kann man übernachten, so steht es auch in meinem Führer. Der dritte Plan bekommt zwei Kreuze und ich bekomme auf den Weg, dass es nur zehn Minuten sind, und die Richtung wird mir auch gleich gewiesen. Also laufe ich zehn Minuten in diese Richtung, versuche, mich auf dem Plan zu orientieren, und entscheide mich lieber für einen Café solo grande. Nach dieser Stärkung finde ich dann heraus, dass ich viel zu weit gegangen bin.

Porto ist eine schöne Stadt, jeder Schritt bisher hat sich gelohnt. Die Feuerwache finde ich nun einfach, es stehen viele Feuerwehrautos vor den Türen. Ich werde freundlich aufgenommen und darf mir ein Bett im ersten Stock des Mannschaftsraumes aussuchen. 16 Betten hat die Feuerwehrwache. Nach einer Dusche gehe ich wieder in die Stadt, denn ich soll bitte erst ab 21:00 Uhr wieder auftauchen, um den Betrieb nicht zu stören. Die Jagd nach Wäscheklammern beginnt, nebenbei Kirchen, ein weihnachtlich geschmücktes Porto. Vor den Wäscheklammern finde ich Saughaken, die auf meiner Packliste fehlen, aber das Balancieren der Wäsche beim Duschen erleichtern.

Der Anruf bei Katharina macht uns beide froh. Bei der Suche nach einem Restaurant fehlt mir Ineke vom Camino Francés, denn ich kann mich nicht entscheiden. Ich lande bei der „Ich-gönne-mir-was"-Variante, leise Klaviermusik, Empfang von einem Herrn im Smoking, und die Ober tragen alle die Uniform eines Ozeankapitäns. Oh, ein hartes Pilgerleben ... Ich bin glücklich, so einfach in meinen zweiten Camino hineingefunden zu haben.

Mittwoch, den 06. Januar: Porto --> Vilarinho

Ein anderer Pilger hat auch hier im Feuerwehrhaus übernachtet. Er trödelt, bis auch ich nicht mehr weiter trödeln kann, und will den Morgenkaffee mit mir nehmen. Mein Spanisch ist zu schlecht und bei jedem englischen Wort dreimal nachzufragen, um zu verstehen, ist vor dem Kaffee auch nicht mein Ding. Wir verabschieden uns freundlich, ich verstehe, dass er auf dem Weg nach Fátima ist und schon verschiedene Caminos gegangen ist. Sein Rucksack ist irgendwie unförmig voll, das Tütensystem außen in einer mir nicht verständlichen Weise geordnet. Ich habe dafür die Tüte mit den Teelichtern und Streichhölzern in meinem Rucksack gefunden. An der Kathedrale werde ich dann meinen Rucksack das erste Mal erleichtern und das erste Licht, das ich ja Kirstin versprochen habe, anzünden und dort lassen.

Ich traue mich nicht, es in der Kathedrale anzuzünden, draußen in einer Mauernische geht es dann drei Streichhölzer später an. In der Kathedrale lasse ich es mir nicht nehmen, das „Peace"-Buch von Michelle in die Hand zu nehmen, deshalb trage ich es ja mit mir.

Der Weg aus Porto hinaus ist in meinem Führer gut beschrieben und auch gut gekennzeichnet. Es gibt so viel zu sehen, dass ich ein paarmal eine Markierung verpasse. Als ich mich dann auf den Weg zurück mache, denke ich an Elke: Nicht zurückblicken. Nun, ich gehe sogar zurück und empfinde es als Bereicherung, was ich zwischendurch abseits vom vorgeschriebenen Weg gesehen habe: einen Hund, der mich nicht anbellt, eine Katze im Windschatten eines Autos, jeden Sonnenstrahl nutzend. Die Dichte der Bars ist groß, sodass ich frei entscheiden kann, wann mir nach einer Pause für den Solo grande zumute ist. In der Bar ist dann der Bewegungsmelder für die „weiße Ware" der Meinung, ich sollte den Weg auch im Dunkeln finden. Das Tasten nach dem Riegel kostet mich einen Fingernagel. In der Bar stelle ich fest, dass die Ordnung im Rucksack schon am ersten Pilgertag erstaunlich gut ist, die Nagelschere ist schnell gefunden und das Thema dezent erledigt.

Ein paar Ecken weiter links liegt eine wunderschöne, mit blauen Kacheln geflieste Kirche: Igreja do Carvalhido. Leider gibt's nur Diodenkerzen. Für die zweite Auflage der Nummer mit dem Teelicht habe ich nicht die Nerven, es sind zu viele Leute da. Dann geht es immer geradeaus. Mir kommt ein Pilger entgegen. Ein dezenter Hinweis auf seinen Hunger und seine leere Geldbörse lassen mich zur guten Tat des Tages schreiten. Ein paar Scheine wechseln den Besitzer und meine Ersparnis beim Hotel letzte Nacht ist dahin. Da war doch was mit dem Teilen im großen Buch der Christenheit und ich bin ja auf Pilgerfahrt. Das weitere Gespräch ist anstrengend, denn ich kann kein Französisch und er nur wenige englische Brocken. Wir verabschieden uns herzlich, ich möchte weiter. Ich entscheide mich, das gelbe Reiseführerbüchlein einzustecken und einfach nach den Wegweisern zu laufen, eine Sache weniger, der ich Aufmerksamkeit schenken muss. Das Wetter ist einfach prima, über die Mittagszeit angenehm warm.

Ich denke nach und der neulich angefangene Gedanke „Und sie ist doch eine Scheibe ..." kommt zurück. Als ich über eine Autobahnbrücke schlendere, verstehe ich den Gedanken. „Hier" und „Jetzt" sind die zwei Dimensionen, auf die ich auf meinem Camino die komplizierte mehrdimensionale Welt reduzieren möchte. Habe ich es nicht im Mathematikstudium gelernt? „Der Raum ist so, wie ich ihn mir definiere." Lass meinen Raum zweidimensional sein, lass ihn eine Scheibe sein „hier und jetzt". Als ich so weit bin, fängt mein 25 Kilometer großer Zeh an, sich zu melden. Das kann nicht sein, denn der Ort, dessen Namen ich mir eingeprägt habe, war noch nicht auf einem Ortsschild zu lesen.

Beim nächsten Ortsschild befrage ich meinen gelben Führer, quäle mich durch den Text und habe einen ersten flüchtigen Gedanken, wie dieser Führer anzuwenden ist. Mein Zeh hat Recht, ich habe den vorgeschlagenen Übernachtungsort schon längst hinter mir gelassen. Bleibt das Jetzt zu klären. Ein Blick auf mein Handy sagt mir eine Zeit, die Richtung der Zeitverschiebung habe ich vergessen. Das Jetzt hat also ein Zeitfenster von zwei Stunden. Eine Farmacia im nächsten Ort klärt das Jetzt, das Hier und die Temperatur – ich habe wieder eine Dimension zu viel. Im gelben Büchlein lese ich von einer Notherberge – besser nach vorn als zurück. Ich schlendere also weiter an der Straße entlang. Ein Auto hält, das Beifahrerfenster geht herunter, ich höre einen Schwall Portugiesisch. Auf meinen verzweifelten Blick ein Griff in die Bluse und der Anhänger mit der Muschel wird hervorgezaubert, das Auto etwas mitteleuropäischer geparkt. Die Dame ist den Camino Francés im letzten Sommer gegangen, so wie ich. Bis zur nächsten Bar zurück sind es nur ein paar hundert Meter und das Zusammentreffen muss mit einem Kaffee begossen werden. Sie lässt ihren Camino wieder aufleben, springt zurück zum Auto, holt eine Mappe und zaubert die Mail einer Österreicherin mit Foto der beiden hervor. An die Kirche erinnere ich mich, kann genau den Weg zur Herberge und Bar beschreiben, der Ortsname ...? San Juan de Ortega? Jürgen war noch einmal zurück zur Kirche gegangen, als ich dort ausgiebig Pause machte. Ja, der erste Camino hatte so viele schöne Erlebnisse und auch in diesen zwei Tagen ist schon so viel Schönes geschehen. Das Gespräch mit der Pilgerin wird etwas einseitig: neunzig Prozent Portugiesisch, gewürzt mit zehn Prozent Englisch von meiner Seite. Wir trennen uns nach einer Umarmung, nachdem der Wirt mich eindringlich vor dem Notquartier gewarnt hat.

Im Dämmerlicht geht es weiter die Straße entlang, die Horrorstrecke unterhalb des Camino Duro ist die Kö gegen diese Nationalstraße. Es muss ein übergeordnetes Gesetz sein, dass Lastwagen immer auf meiner Höhe überholt werden müssen. Ich lenke mich ab, denke an Manni, der die Nationalität jedes Lkws aus dem Stand heraus wüsste. Die Pilgerin eben hat meine Stöcke nur verächtlich gemustert. Ich müsste mir einen echten Pilgerstab zulegen. Die Geschichte, warum ich die überhaupt mithabe, ist zu kompliziert, um sie ihr zu erklären. Ich beschließe, bei der nächsten Wasserstelle die beiden Wegbegleiter „Lijgien“ und „Manni“ zu taufen, und bin wieder eine halbe Stunde beschäftigt, die Zuordnung zu treffen: rechts „Manni“, links „Lijgien“.

Der Ortsname Vilarinho erscheint, mein zweites Tagesziel, rechts der Wegweiser zur Herberge und Farmacia, bei der man sich den Schlüssel abholen kann. Ich bekomme Schlüssel, Stempel und eine Wegbeschreibung. Nachdem ich alle Schlösser der Straße durchprobiert und in einem Kindergarten nachgefragt habe, zeigt mir eine Dame die Tür. Sicherheitshalber ist da kein Schild dran. Die Tür hatte ich schon mal versucht, aber der Schlüssel schließt so sperrig, dass man sich schon sehr sicher sein muss, an der richtigen Tür zu sein. Hinter einem Spielplatz finde ich ein Gebäude, auch hier ein etwas sperriges Schloss, dann der Vierbettraum mit Kombiküche, dafür ohne Heizung. Der dritte Schlüssel, an allen Türen ausprobiert, eröffnet mir Bad und Dusche, die mit dem Sportplatz geteilt werden. Im Herbergsbuch finde ich den letzten Eintrag vom 30.12. und kann auf dem Deckblatt das Jahr 2010 ergänzen.

Zurück im Ort genieße ich als – noch – einziger Gast ein gutes Menü. Bin ich eigentlich auf Abenteuerurlaub oder Pilgerfahrt? Ich entscheide: auf Pilgerfahrt. Per SMS kommen heute Abend gute Wünsche von Trudy und Ulla. Woher haben die beiden gewusst, dass ich eine Aufmunterung gut gebrauchen kann?

Donnerstag, den 07. Januar: Vilarinho --> Rates

In einem Fünf-Liter-Topf kocht mein Kaffeewasser, derweilen ich alles in Ruhe zusammenpacke. Die Dusche war schön warm, der Gang über den Hof hat mich frisch werden lassen und die Entscheidung für Pudelmütze und Handschuhe erleichtert. Gestern habe ich schon gelernt, dass die Wäsche über Nacht nicht trocken wird. Ich trenne mich von den ersten beiden Wäscheklammern – sie dürfen hierbleiben –, putze den Raum und bringe den Schlüssel zum Briefkasten der Farmacia, verbunden mit einer Spende in der Höhe der teuersten Privatherberge auf dem Camino Francés. Ich habe mich wohlgefühlt, gut geschlafen, gut geduscht. Nur den galicischen Matratzenüberzug hätte ich in dieser Nacht als Luxus geschätzt. Mit einem doppelten Kaffee und zwei Äpfeln gestärkt, mache ich mich auf den Weg. Wann immer die Sonne durch die Bäume scheint, denke ich an meine Pilgerfreundin Nina aus Finnland. An einem Brunnen fällt mir mein Versprechen von gestern ein. Also Rucksack runter, Stöcke abgelegt und in der Wasserstelle des Brunnens drapiert

und ein Foto gemacht. Beim Einsammeln stelle ich mich so ungeschickt an, dass die Stöcke auch noch untertauchen.

Ich erinnere mich, in Minsk ein Taufbecken für die Ganzkörpertaufe von Erwachsenen gesehen zu haben. So komme ich beim Weiterlaufen unweigerlich auf das Thema Unsterblichkeit. Gedanken, Erinnerungen sind unsterblich, jedenfalls für mich. Wenn die Erinnerung an jemanden unsterblich ist, ist dieser Mensch doch folgerichtig auch unsterblich. Für mich ist das heute ausreichend bewiesen. Ich brauche nicht mehr an die Unsterblichkeit zu glauben, ich weiß, dass es so ist, denn meine Beweise reichen mir aus, auch wenn sie nur im Hier und Jetzt gelten mögen.

Was ist für mich anders geworden? Früher hatte ich den missionarischen Gedanken, die Welt verbessern zu müssen, alles, was mir nicht gut erschien, zu sammeln, Zusammenhänge zu konstruieren und mit Ratschlägen und weisen Sprüchen um mich zu werfen. Heute stelle ich auch Zusammenhänge her, das Licht verbinde ich mit Nina, eine Kerze mit Kirstin ... Stopp in einer Bar. – Der Barbesuch ist vorbei, ich denke weiter. Mal sehen, was in der nächsten Bar wichtig genug ist – für mich – um ins Büchlein zu wandern ... Jede Brücke nenne ich „Ponte de Uwe", jede Restaurantsuche ist mit Ineke verknüpft. Schöne Erinnerungen sind wie ein Sonnenaufgang, also laut Kirstin erlaubt. Ich denke an Dietmar und das Zitat von Jiddu Krishnamurti, das er mir neulich per Mail geschickt hat: „Erinnerungen sind lediglich Erfahrungen, die nicht verstanden wurden. Tun sie das, beenden sie sich selbst." Noch brauche ich sie, die schönen Erinnerungen, die ich mir mit Namen und Personen menschlich gemacht habe. Sie geben mir Kraft.

Der Gedanke an die Unsterblichkeit kommt beim nächsten Friedhof wieder hoch. In Porto hatte ich auf der Suche nach einem Restaurant einen Stapel in Folie eingeschweißter Särge gesehen. Das erweckte doch den Eindruck von Endlichkeit. Wie ich darauf gekommen bin, eine Parallele zwischen den Särgen in Porto und diesem Friedhof zu sehen, kann ich mir nicht erklären. Der Begriff „parallel" bleibt haften. Parallelen schneiden sich im Unendlichen, also gibt es das Unendliche.

Nun, mein gelbes Buch, meine Erinnerung an Ortsnamen und das reale Portugal finden einen Schnittpunkt im Endlichen: Ich bin an meinem Tagesziel angekommen. Für den zweiten Tag war diese Minietappe jedoch völlig richtig. Ich habe so große Themen bearbeitet, da brauche ich nicht auch noch weit zu laufen. Ich besichtige den Ort und stelle fest, dass ich auf das Öffnen der Herberge und des Ladens, in dem man alternativ den Schlüssel bekommen kann, noch warten darf. Also finde ich eine Bar und lasse es mir gut gehen. Gleich wird die dritte bis fünfte Postkarte in die Heimat geschrieben.

Ab zur Herberge, im Laden fünfzig Meter weiter bekomme ich den Schlüssel und auch die Erklärung für den zweifarbigen Stempel: Eine Schablone wird auf den Pilgerpass gedrückt und in die hinein hintereinander zwei Stempel, einfach und perfekt. Das Schwierigste sind die klemmenden Türen in den Herbergen, hier bekomme ich in deutlicher Zeichensprache einen Hinweis. So kräftig zu Werke zu gehen, hätte ich mich sonst nicht getraut. Von 32 Betten in vier Räumen suche ich mir eines in dem Raum aus, in dem ein Fenster einen Spalt weit hochgeschoben ist. In dem Herbergsbuch sehe ich dann, dass vorgestern auch jemand hier war. Eine schöne warme Dusche, Wäsche, einen Kaffee in der Küche und ich setze mich in den Hof in die noch etwas wärmende Januarsonne. Die Entscheidung, welches Buch ich lese, fällt klar zugunsten von „Peace is every step" von Thich Nhat Hanh aus.

Den gelben Führer kann ich immer noch lesen, damit ich erfahre, wo es morgen langgeht. Jetzt möchte ich erst einmal erfahren, wie es mit mir weitergeht. Michelle hat mir ihr Exemplar des Buches geschickt und der Dalai-Lama verspricht im Vorwort: „It can change individual lifes and the life of our society." Beim Kaffeekochen, besser, beim Warten, bis der große Topf Wasser heiß wird, habe ich die Überlegung zugelassen, warum ich hier bin: Ich suche nach Erkenntnis. Sofort fällt mir ein, dass ich heute Morgen gleich zwei Äpfel gegessen habe. Werde ich nun aus dem Paradies geworfen? Nein, das geht nicht mehr, stelle ich beruhigt fest, ich bin ja schon rausgeflogen. Also beschließe ich, weiter Äpfel zu essen und weiter zu hoffen, das Paradies zu finden. Heute bin ich ihm schon ziemlich nahe.

Beim Abendrundgang durch den Ort erreicht mich Katharina auf dem Handy. Der Lagebericht fällt zufrieden aus, ich habe den Eindruck, dass sie sich keine Sorgen um mich macht. Ich entdecke zwei weitere Bars im Ort in einer Neubauzeile. Es gibt einen großen Kreisverkehr mit Denkmal und ich sehe zwei Pilger mit Rucksack herankommen. Die leicht asiatisch aussehenden Mädchen lassen sich im Dunkeln nicht ansprechen. Im Abstand von 500 Metern folge ich langsam. Sie gehen weiter zum Laden, ich mache derweilen in der Herberge das Licht an. Lee und Yu werden von einem jungen Mann vom Laden herübergebracht. Die Schlüsselhoheit soll ich behalten, sagt er und verschwindet. Auf meine Frage, ob wir essen gehen oder kochen, ist die Antwort der beiden für mich eindeutig: essen gehen. Dann verschwinden sie, nachdem sie klar zu verstehen gegeben haben, dass sie die Führung zur Bar von mir erwarten. Also ziehe ich meine beiden Fleecejacken übereinander, gehe in den schönen Living Room und schreibe in mein Büchlein. Gleich danach werde ich mir den gelben Führer vornehmen.

Es ist schon etwas Besonderes, in einer Bar „Peace" zu lesen, in der Alemania mit Düsseldorf gleichgesetzt und die Bitte um eine Copa de vino tinto mit Glas und Flasche gekontert wird. Ich werde noch um ein Vaso de agua bitten und hoffe, dann auch eine Flasche zu bekommen. Die beiden Koreanerinnen haben sich dann doch in der Herberge nur ein kaltes Abendessen gegönnt.

Heute habe ich in der Herberge übersichtliche und einfach beschriebene Etappenpläne des Caminho Português gefunden und habe Fotos gemacht, denn es scheint mir, dass diese Höhenprofile und Karten einfacher zu verstehen sind als die Angaben in meinem gelben Führer. Ich werde sie an meine Pilgerfreundin Trudy weitergeben, die diesen Weg im Mai gehen möchte. Die Frage nach dem Wasser ist auch geklärt: nix Vaso, in Portugal Copa und 1,5-Liter-Flasche. Das Menü ist eine doppelte Pilgerportion. Wenn ich richtig mitgezählt habe, bekomme ich gerade vom Wirt das siebente Schulterklopfen – ich fühle mich gemocht. Während des Essens ist Zeit für Gedanken. Auf diesem Camino wird mein Büchlein schneller voll, er ist kürzer, aber ich habe mehr Zeit für mich, weil kaum ein Pilger unterwegs ist. Das Büchlein für meine Notizen ist beim Packen zu Hause noch umgetauscht worden: Statt des geplanten Goldschnittbüchleins aus der gleichen Papierserie wie das erste aus Köln habe ich das Weihnachtsgeschenk meiner Schwester Hannelore eingepackt.

Beim Essen bin ich beim Thema „Angst" angekommen. Es kam im Laufe des Tages auf, als ich darüber grübelte, wer mich wie mit meiner Pudelmütze einschätzen könnte. Als Konsequenz dieses Gedankens habe ich in diversen Spiegeln Fotos gemacht.

Warum trage ich ein Spanischwörterbuch mit mir herum, während ich in Portugal bin und ein englisches Buch lese? Die Bedeutung von „Dandelion" herauszufinden, ist eine neue Herausforderung:

„I have lost my smile, but don't worry. The dandelion has it."

My smile is still there, though I don't know the dandelion. Lijgien hätte jetzt kein Problem, in allen drei Sprachen und zwei Muttersprachen nicht. Nun, ein Problem lasse ich nicht zu. „Ich verschiebe diese Aufgabe auf später", ist eine zulässige Formulierung.

Gut, dass ich ein paar Seiten weiter wieder verstehe: „Smiling, present moment, wonderful moment".

Freitag, den 08. Januar: Rates --> Barcelos

Um kurz nach 6:00 Uhr geht es im Nachbarraum los. Die schönen alten Dielen knarren nur einmal, aber das durchgehend. Ich klammere mich noch an die Matratze, sehe dann auf meinem Gang zur Dusche die beiden jungen Frauen mit Pudelmützen im Salon frühstücken. Es ist unangenehm kalt, aber die Dusche ist schön warm. Langsam packe ich meine Sachen zusammen, die beiden klopfen an mein Zimmer und verabschieden sich. Im CD-Player im Salon finde ich gregorianische Musik, also wird Kaffee gekocht und gefrühstückt mit Pudelmütze und Musik. Bald habe ich alles eingesammelt, das ist inzwischen Routine. Das Handtuch auf der Leine ist seltsam steif – ah – gefroren. Im Laden gebe ich die Schlüssel ab und schlendere mit den Stöcken in der Hand los. Stock Manni will sich nicht feststellen lassen. Die gestrige Taufe und der heutige Frost – ich diagnostiziere: Es ist Eis im Mechanismus. Ich lasse ihm eine Stunde Zeit, warm zu werden, und dann funktioniert er wieder.

Der Weg macht klar, dass es hier häufig regnet und meine Diagnose „Eis" auch stimmte. Ich stelle fest, dass das Universum meine Wetterbestellung verstanden hat. Bis jetzt fiel noch kein Tropfen vom Himmel – liegt es an meinem Regenverhinderungsschirm oder ist es einfach Glück? Herauszufinden, was ein Dandelion ist, war noch eine offene Aufgabe von gestern: Ist das nicht die Pusteblume?

Wie gestern sehe ich viele Blumen am Wegesrand – heute nehme ich auch ihr Lächeln wahr. Dem Buch „Peace" sei Dank – darin habe ich das gelesen.

Der Weg führt nach rechts, dreißig Meter weiter links soll eine Bar sein. Meine Entscheidung ist klar, den Umweg gönne ich mir. Meine Wanderung an der Straße entlang ist öde. Die Portugiesen fahren gut und schnell, kein Auto streift meinen Ärmel. Links eine Kirche, zwanzig Stufen hoch, ein Brunnen. Steinblöcke laden zum Ausruhen ein, es ist etwas schattig. Das wäre jetzt der Einsatz für mein Schwarzwälder Sitzkissen, das ich auf dem Camino Francés in Belorado, glaube ich, verabschiedet habe. Ich versuche mein Glück mit einer Kerze, bis zum Foto bleibt sie an. Ich überlege, für wen sie ist, und entscheide: für dich, wenn du magst, sonst für mich.

Eine wunderbare Aussicht. Das Lächeln einiger Blumen gibt mir Kraft weiterzugehen. Im Jetzt eine Erinnerung an das gestern im Buch „Peace" Gelesene. Im Weitergehen nehme ich mir das Wort „Erinnerung" vor. Welche Erinnerungen lasse ich zu? Erinnerungen, die mir Freude machen, Erinnerungen, die mir Kraft geben, Erinnerungen, die mich beschützen.

Wenn ich mich erinnere, bin ich nicht im Jetzt, sondern in der Vergangenheit. Wäre es nicht erstrebenswert, immer im Jetzt zu sein, erstrebenswert, dass die Blume mich anlächelt, ohne dass ich an das Gelesene von gestern zu denken brauche.

Ich komme am Tagesziel für heute, in Barcelos, an. Nach nur ein paar Schlenkern durch die Stadt finde ich eine nette Pension. Eine Herberge gibt es hier nicht und die Alternative, den Mannschaftsraum der Feuerwehr, mag ich heute auch nicht. Es folgt das normale Pflichtprogramm und eine Stunde

Bom Jesus da Cruz in Barcelos

Ausruhen. Eine SMS von Renate und Sigi wünscht mir weiterhin einen guten Camino. Ohne die Erinnerung an ein paar schöne Begegnungen auf dem Camino Francés hätte ich im Jetzt diese Aufmunterung nicht erhalten. Ich streife durch die Stadt, mache meine Fotos, produziere schöne Erinnerungen für morgen.

Dann merke ich es: Heute ist Weihnachten. Bei mir kam diesen Winter das Weihnachtsgefühl noch nicht auf. In Porto habe ich mich noch über die weihnachtlich geschmückte Stadt gewundert, in den nächsten beiden Orten nur gefreut. Heute gibt es aus den Lautsprechern an der Straße auch Weihnachtslieder. „Oh Tannenbaum" hat mich dann aufgeklärt. Mein Jetzt ist total aus dem Ruder. Weihnachten war im Kalender vor 14 Tagen. Doch ich habe erst heute das Gefühl von Weihnachten. Und so freue ich mich über Weihnachten, wenn auch verspätet: Mein Weihnachten ist für diese Saison nun auch in Frieden begangen. Was kümmert mich der Kalender – mein Jetzt ist jetzt.

„Ineke-Time" rückt heran. Ich habe beschlossen, Aufgaben, die sich mir stellen, mit Namen von lieben Freunden zu benennen, die das Finden einer Lösung perfekt beherrschen. So laufe ich nicht allein durch die Stadt. Meine Pilgerfreundin Ineke ist bei mir und ich denke ihr zuliebe auf Englisch, weil ich Holländisch nicht kann. Unser ausgewähltes Restaurant ist sehr gut. Zum Kaffee nehme ich mir das Buch „Peace" vor, denn mein gelber Führer will morgen 33 Kilometer von mir und das nach den drei Minietappen, die ich bisher geschlendert bin. Die Dichte der Herbergen ist mager, es gibt auch nicht besonders viele Pensionen und Hotels. Ein Hotel im Führer, angepriesen als „teuer", kann die Etappe teilen. Die aufgezeigte Alternative, per Taxi zurück und am nächsten Tag wieder hin, fällt für mich aus. Beim Camino Francés habe ich es genossen, zwischendurch nie „schwach" geworden zu sein und die 900 Kilometer an einem Stück per pedes geschafft zu haben.

Samstag, den 09. Januar: Barcelos --> Ponte de Lima

Als ich um 6:00 Uhr aufwache, ist mir nicht nach Aufstehen und schon gar nicht nach Pilgern zumute. Ein solches Gefühl hatte ich auf dem Camino Francés erst nach 350 Kilometern. Geht diesmal alles schneller? Nach einer halben Stunde gebe ich mir einen Ruck. Nach der Dusche geht's dann schon besser und ich packe zügig. Aus der Stadt hinaus schaffe ich es fast ohne Verlaufen. Warum muss ich auch immer nach der aufgehenden

Sonne schauen statt auf die Wegweiser? Als die Strahlen der Sonne durch die Bäume fallen, denke ich an Nina und ich taufe diese Sonnenstrahlen „Das Nina-Licht“. Die zugefrorenen Autoscheiben lassen mich auch für die vergangene Nacht auf frostige Temperaturen schließen, das bedeutet matschige und manchmal glatte Wege. Meine Stöcke Manni und Lijgien beschützen mich. Ist es zulässig, dass ich mir die Erinnerungen auf diese Weise ins Jetzt hole? Die Frage nach der Zulässigkeit an sich geht ja schon gar nicht, denn ich bin ja dabei, Bewertungen abzuschaffen. Also tue ich, was für mich gut ist, und jede Blume, jedes Lächeln einer Blume in den Vorgärten ist das „Lächeln der Michelle“.

Auf dem letzten Schritt aus einem Wald hinaus klingen die Glocken „Stille Nacht, heilige Nacht“ – nun zweifle ich doch an mir: Ja, ich habe genug getrunken – Wasser versteht sich! Dann freue ich mich nur noch. Eine halbe Stunde später stehe ich vor der Kirche und schon wieder: „Stille Nacht ...“. Ich mache ausgiebig Pause und werde bei meinem Abgang mit der dritten Strophe belohnt.

Auf den zehn Kilometern bis zur Mittagspause denke ich darüber nach, ob ich auch einmal keine Gedanken haben kann.

Nach der Pause bin ich gestärkt, bin dabei, meine Albernheit mit den Erinnerungen einfach nur gut zu finden, und denke ganz nebenbei, dass nur Erinnerungen einer Art dabei sind: positiv gerichtete. Damit bin ich erst einmal zufrieden und komme irgendwann mal wieder beim Wort „Glaube“ an. Was für ein Wunder auf dem Camino. Ich merke, mein Glaube ist über alle Zeiten derselbe geblieben. Aus dem rein kindlichen Glauben ist jetzt ein durch Gedanken und Erfahrung gestützter Glaube geworden. Geändert hat sich meine Einstellung zur Kirche. Die Gebäude brauche ich nicht für meinen Glauben, die Gemeinschaft wohl. Ja, eine Kirche ist recht nett zum Verweilen. Doch was war es neulich bei der Ankunft in Santiago bei meiner ersten Pilgerfahrt, das Gebäude oder das Getragensein von so vielen glücklichen Menschen? So leite ich für mich das Gebot ab: „Glücklich sein – immer und in

jedem Augenblick" und füge hinzu „unter Berücksichtigung von §1 der Straßenverkehrsordnung in allen Lebenslagen".

Auf einer Mauer rechts sitzt ein junger Mann, bedeutet mir mit Lauten und Gesten herüberzukommen. Ich bitte ihn um Geduld, erst müssen mir die Autos eine Lücke lassen. Ich gehe zu ihm, drücke seine Hand. Er drückt sein Glück auf seine Weise aus. Mir bleibt nur, eine Weile seinen Arm zu streicheln, die Mauer ist recht hoch. Beim Weitergehen danke ich, dass ich einen Augenblick des Glücks schenken durfte: „Danke!" Oder habe ich es nicht vielmehr geschenkt bekommen?

Linker Hand ist gleich wieder Weihnachten. Im Freien steht eine Krippe aus dem Holz, aus dem ich sonst nur schöne Naturholzbänke kenne. Jesus, Maria, Josef, die Heiligen Drei Könige, Hirten, Ochs und Esel stehen da in natürlicher Größe. In ihrer Schlichtheit sind sie einfach nur perfekt. Glück folgt auf Glück in jedem Augenblick.

Bei der Ankunft in Ponte de Lima mache ich den Umweg über die neue Brücke, um den Sonnenuntergang zu genießen und einzufangen und Erinnerungen von der glücklichen Sorte zu schaffen. Die Herberge ist auch bald gefunden. An der Rezeption frieren zwei junge Damen und ein Herr. Nach der Frage, ob ich auch wirklich einen ganz warmen Schlafsack habe, runde ich den geforderten Beitrag großzügig auf und ernte ein Lächeln und ein „Obrigado". Die Herberge ist sehr schön und sauber. Gut, eine Heizung ist nicht da, dafür aber eine Mikrowelle. Ich entscheide mich dagegen, selbst zu kochen, weil das Essen in der Kälte keinen Spaß machen würde. Ich bekomme eingeschärft, pünktlich um 21:00 Uhr hier zu sein, weil dann abgeschlossen wird. Ich brauche nur eine Stunde, um in dem Ort einen Supermarkt und einen Bäcker zu finden, wo ich meinen Bedarf für morgen früh beschaffe. Den Wurf der Bons in einen Mülleimer taufe ich den „Emmanuelle-Wurf", ich stehe zu meinen Albernheiten. Zwei Ecken weiter kommt eine SMS von Chris mit dem Wunsch, dass ich meine geistlichen Ziele gefunden habe, und der Frage, ob wir nächstes Jahr zusammen nach Jerusalem pilgern. Wir haben

neulich in einem Telefonat gemerkt, dass das unser beider Traum ist. Aber für mich stehen jetzt erst einmal die paar Tage Pilgerfahrt nach Santiago auf dem Programm, dann vielleicht Rom im Sommer, und erst dann plane ich weiter.

Als ich jetzt nach dem Essen bei meinem Kaffee sitze, fällt mir auf, dass ich noch gar nichts von dem Herzen aufgeschrieben habe, das ich heute Morgen auf einem Pfeiler in Barcelos gesehen habe. Klar, da war der Name sofort parat: „Katharina". Und ich kann mich nicht oft genug bedanken für ihr Verständnis und ihre Toleranz für meine Camino-Leidenschaft. Im März wird es spannend, wenn wir zusammen die zwei Caminopilgerinnen Jutta und Felicitas auf Gran Canaria besuchen.

Bei der Restaurantwahl habe ich nur auf das Essen, nicht auf die fehlende Heizung geachtet, dabei hatte ich mich wegen der Temperatur für das Restaurant und gegen das Selbstkochen entschieden. Wer meine schwachen Kochkünste kennt, kann es einschätzen, wie ich mich fühle: Heute war mir tatsächlich eher nach Selbstkochen zumute.

Sonntag, den 10. Januar: Ponte de Lima --> Rubiães

In meinem Daunenschlafsack war es ausreichend warm. Aus Langeweile habe ich gestern eine Nachricht an Dietmar geschickt, denn er hat ein Kontaktformular auf seiner Webseite. Meine E-Mail-Passworte kenne ich nicht auswendig und habe sie auch nicht mit. Dietmars Anruf daraufhin war erfrischend, denn er sagte nur: „Ich merke, du bist völlig entspannt." Der heutige Tag verspricht, wieder schön zu werden, noch schöner, das geht nicht, denn das hätte ja schon wieder eine Bewertung in sich.

Zunächst erwartet mich ein abwechslungsreicher Weg mit eingebauter Seenplatte. Ich lerne abzuschätzen, wo der See am flachsten ist, kann meine Stiefel bis zum Knöchel eintauchen, ohne nasse Füße zu bekommen. Meine Stöcke Manni und Lijgien beschützen mich vor dem Ausrutschen und geben mir Halt. Ich bin glücklich, auch diese Abenteuer erleben zu dürfen und zu meistern. Der Himmel ist mittlerweile bedeckt, es fängt an zu regnen, also kommt die Regenhaube über die zum Trocknen am Rucksack befestigte Wäsche und der Schirm in die Hand. Rechts im Garten eines Hauses steht ein Mühlstein, linker Hand eine Kirche. Ich denke nicht mehr nach, ob mir das etwas sagen soll. Auf den Stufen zur Kirche hoch lächelt mich Michelle in Lila an. Die grüne Kirchentür ist geschlossen. Ich bin froh, denn auf „ein Haupt voll Blut und Wunden“ habe ich keine Lust. Sicherlich drückt das Altarbild das Leiden entsprechend künstlerisch aus.

Fröhliche Musik begleitet mich über eine halbe Stunde lang, es wird irgendwo eine Fiesta sein. Es gab Zeiten, da hätte mich die schlechte Übertragung, ja die Störung der Ruhe der Landschaft gestört. Heute nicht, denn ich habe ja gestern mein Gebot formuliert: „Glücklich sein – immer – in jedem Augenblick.“

Eine Bar zur Linken, ich kehre ein, der Barkeeper ist den Caminho im letzten Oktober gegangen. Wir schwärmen uns gegenseitig etwas vor. Beim Abgang ein Blick nach draußen, deutlicher Regen. Also die Regenhose raus. Während ich mit dem Teil kämpfe, erzähle ich die Anekdote von Pamplona und Michelles Ruhe, die Regenhose festzuhalten, als ich damals mit dieser kämpfte. Ich ergänze: „Sie hat drei Kinder.“ Ein herzhaftes Lachen. Wir bemerken beide gleichzeitig, dass ich das Teil falsch herum anhabe. Das Lachen jetzt fällt noch deutlicher aus, und während ich wieder raus und rein herumwurstele, bemerkt er trocken: „Das Schwerste am Camino ist das Regenhosen-Anziehen.“ Wir verabschieden uns mit Handschlag und einem „Buen Caminho!“.

Ich bin wieder auf dem Weg, versehen mit ein bisschen Wegbeschreibung, es geht am Franzosenkreuz vorbei durch den Wald. Der Weg ist nach wie vor schön, aber schwer, denn es geht bergauf über viele Steine von der nassen, rutschigen Sorte. Die Wahl zwischen Schirm und Stöcken fällt auf Schirm. Ich bin wieder beim Thema „Glaube“ und „Gott“ angekommen. Warum denke ich überhaupt darüber nach? Ich merke, es geht nicht darum, was ich glaube, denn das ist irgendwie seit Langem klar. Es geht darum, dass ich verstehe, was ich glaube, und, wenn ich es verstanden habe, darum, es auch noch benennen zu können. Jetzt fordert der Weg wieder meine Aufmerksamkeit, die Natur ringsumher ist auch im Regen traumhaft. Ich komme über eine Kuppe und es ist Weihnachten, weiße Weihnachten. Ich bin einfach nur glücklich, hier zu sein und diese schönen Augenblicke erleben zu dürfen. Ich schlittere weiter durch die schöne portugiesische Landschaft und bin wieder bei Gott: Es gibt einen und genau einen (füge ich als Mathematiker hinzu) und der ist überall. Das Eine, das überall ist – dieser Gedanke gefällt mir und ich widme mich wieder dem Weg, der jetzt bergab geht und die Entscheidung, den Schirm oder die Stöcke in die Hand zu nehmen, über den Haufen wirft. Trotz des Regens sind jetzt eindeutig die Stöcke gefordert. Nachdem diese Wegpassage dank meiner Bergerfahrung locker überstanden ist, kommt wieder der Kopf ans Arbeiten. Ein paar Kilometer weiter ist mein Bekenntnis auf der rein sachlichen Ebene angekommen. Ich bekenne, Mitglied der Evangelischen Kirche zu sein, das kann man auch auf meiner Steuerkarte nachlesen. Nach ein paar Kilometern gebe ich zu, dass dieses eine reine Mitgliedschaft, aber kein religiöses Bekenntnis ist. Gut, dass der Weg sich zieht, ich langsam schlendere, Zeit habe. „Simplify your life", dieser Buchtitel fällt mir ein. Warum wende ich diesen Spruch nicht auch auf mein Glaubensbekenntnis an? „Ich glaube an Gott". Punkt – Ende – aus. Ich bin zufrieden mit meiner Lösung, zumindest für heute, und merke, die Herberge sollte bitte bald kommen. Auf Bestellung steht ein paar hundert Schritte weiter ein großes „A" mit der Angabe „2.000 m". Es passt wieder einmal alles. Nach einer halben Stunde laufe ich in Rubiães in der Herberge ein, niemand ist da, die Tür steht offen. Ich finde mich zurecht, koche mir meinen Kaffee, schreibe Büchlein und mache mich dann auf in den Ort, um das Abendessen und Frühstück zu beschaffen.

Später, der Hospitalero hat mich zwischenzeitlich besucht, stelle ich fest, dass ich der sechste Besucher in diesem Jahr in dieser Herberge bin. Bei Katharinas Anruf gelingt es mir, ihr zu vermitteln, dass alles einfach prima (also die kühle Variante von prima) ist, es mir ausgezeichnet geht und morgen nur eine Entscheidung ansteht: noch eine Nacht in Portugal zu bleiben oder vier Kilometer weiter nach Spanien zu gehen. Mein Führer empfiehlt, den beiden Städten Valença und Tui je einen Tag zu widmen. Doch er kennt mich nicht so gut, wie ich mich kenne, nein, Städte sind auf dem Camino nicht mein Ding und zwei direkt hintereinander sowieso nicht.

Montag, den 11. Januar: Rubiães --> Tui

In der Nacht hatte ich mich für Wärme – mal relativ gesehen – entschieden und so das deutliche Rauschen des Heizlüfters in Kauf genommen. Wärme kann man auch hören. Der 1.000-Watt-Lüfter für die 30-Personen-Herberge ist etwas unterdimensioniert, um ihn wirklich als Heizung durchgehen zu

lassen. Dafür sind meine Sachen jedoch getrocknet. Nach dem Duschen stelle ich fest, dass ich alles unten im Bad dabeihabe, aber kein Handtuch. Ich muss nur einmal quer durch das bitterkalte Haus, aber ich bin ja allein. Ein Blick vor die Tür: In einem matten Violett lächelt die Sonne über den Berg. Ein guter Tag beginnt und meint es gleich freundlich mit mir. Ich bin überglücklich, hier zu sein. Wegen der mangelnden Wärme im Diningroom nehme ich das Frühstück schneller ein, als ich es nach dem Lesen des „Peace"-Buches tun sollte. Schon gestern habe ich über den Kniefall von Willy Brandt nachgedacht. Jetzt ist aber erst einmal das Zusammensuchen und -packen meiner Sachen angesagt, die ich über die ganze Herberge verteilt habe. Ob ich etwas Wichtiges vergesse, werde ich heute Abend merken.

Die gelben Pfeile weisen mir heute nicht nur den Weg nach Santiago, sondern auch den Weg zum Frieden. Was bedeutet der Kniefall von Willy Brandt für mich heute? Verantwortung zu übernehmen für etwas, was man bedauert, dass es geschehen ist / noch geschieht, ohne direkte Verantwortung zu haben, um Vergebung zu bitten für begangenes Unrecht, angetanes Leid. Ich denke über den aktuellen Friedensnobelpreis nach, ich denke 2010 Jahre zurück. Ich gehe weiter, folge den gelben Pfeilen auf meinem Weg zu meinem Frieden, dem ich mit jedem Schritt ein wenig näher komme. Was kann ich sonst noch tun? Wie kann mein Kniefall aussehen? Bei der nächsten, selbstverständlich für mich geschlossenen Kirche komme ich zur Entscheidung. Jetzt kann ich erst einmal Folgendes tun: an jeder Kirche eine Kerze anzünden, echt oder in Gedanken, bei jeder Blume das Lächeln aufnehmen und weitergeben. Ich bin bescheiden, denke aber an die Kerzen, die montags in den Kirchen angezündet wurden, die das DDR-Regime verwirrt und die die erste friedliche Revolution auf der Welt eingeleitet haben. Ich habe keinen Hut auf, sonst würde ich ihn ziehen vor den Menschen, die dieses vor wenigen Jahren vollbracht haben.

Ein Café solo grande um zehn Uhr erweckt meine „Hier-und-Jetzt-Lebensgeister". Die mich beschützende Angst verhindert, dass alle meine Gedanken in diesem Büchlein landen. Im Schnelldurchgang lasse ich gedanklich die Geschichte der Christenheit vorbeiziehen und bleibe bei der finsteren Zeit der Hexenverbrennungen hängen.

Beim gedachten Stichwort „Scheiterhaufen“ liegt prompt linker Hand ein Haufen Äste parat, schön aufgeschichtet. Mögen heute die Fackeln, die diese Äste anzünden könnten, daheimbleiben und die gute Stube beleuchten.

Im Supermarkt neben der Bar kaufe ich mein Picknick ein. Hinaus auf den Weg – da merke ich, dass ich an der im Doppelpack zur Bar gehörenden Kirche vorbeigegangen bin. Also zurück. Ja, ich gehe zurück, obwohl ich weiß, dass die Kirche für mich wieder geschlossen sein wird. Vor dem Portal stehen zwei Bündel Nelken. Die Schritte haben sich gelohnt, das Lächeln der Nelken reicht für lange Zeit. Ich schicke die Kraft des Lächelns weiter an viele Freunde und Bekannte, zünde in Gedanken eine Packung Kerzen an. Im Weitergehen dann weiß ich, wofür ich die Kerzen in Zukunft anzünden werde, für die Kinder, Enkelkinder, Urenkel … dieser Welt. Das ist für mich passender als die Kerze für den Blick zurück, denn diese kommenden Generationen werden die Schulden dafür bezahlen müssen, dass es mir heute so gut geht.

Linker Hand eine winzige Kapelle. Dieser Ort ist passend für die letzten beiden Teelichter, die ich noch von zu Hause bei mir trage. Okay, eins noch für Kirstin, das andere dann für die nächsten Generationen.

Ich bin wieder beim Thema „Gott“. Welches Bild habe ich für „meinen“ Gott, brauche ich ein Bild? Heißt es nicht, „Du sollst kein Bildnis haben“? Das Bild vom lieben Gott aus dem Kindesalter mit weißem Bart, auf einer Wolke von tausend Engeln umgeben, kommt nicht in Frage. Nach ein paar Kilometern, die auch Aufmerksamkeit für den Augenblick fordern, nämlich für das Wasser auf dem Weg, bin ich mit dem Ergebnis meiner Überlegungen zufrieden: „Gott, der Punkt, der unendlich ist“. Der Mathematiker hat sich durchgesetzt. Wieder bin ich glücklich, fotografiere ein schönes Fensterscharnier. Ich habe etwas, an dem ich mich festhalten kann.

In einer Bar spielen viele Männer Karten, klar, der Fernseher läuft, der hat keinen Off-Schalter. Im Dorf ein Blick links hinein in ein Haus: In Folie eingeschweißte Särge habe ich das letzte Mal in Porto gesehen. Also ist der Tod als Thema dran? Gut! Ein Mobile-Phone, Kinderedition, mitten auf der Straße, noch in Ordnung, lenkt ab. Ich hebe es auf, schaue mich um, wo ich es sicher und sichtbar deponieren kann, sehe eine Frau die Straße entlangkommen, gehe zu ihr zurück. Perfekt, sie spricht Englisch und will sich um das Telefon kümmern, wünscht mir einen guten Weiterweg nach Santiago.

Kaum fange ich an, mich wieder um das Thema „Tod" zu kümmern, kommt links eine Kirche in Sicht, der Weg geht nach rechts. Den Abstecher gönne ich mir, die Kirche ist, wie gewohnt, geschlossen. Die Tür zur Friedhofskapelle steht halb offen. Eine Beerdigung findet statt. Dafür nicht passend gekleidet, wie ich meine, mache ich mich also zurück auf den Weg, meinen Camino, zurück zur Frage „Tod". Ich habe keine Angst vor diesem Augenblick, der im nächsten Moment da sein kann. Mein Testament habe ich vor dem ersten Camino gemacht, meine Patientenverfügung setzt schon Moos an. Der Tod ändert nur den Raum, in dem ich lebe. Sollte ich mich irren, sage ich Bescheid.

Ich bin so zufrieden mit mir, so glücklich, dass ich die Hinweise auf die Herberge in Valença übersehe und mich unversehens auf der Brücke nach Spanien befinde. Der Frieden zwischen den beiden Länder ist, verglichen mit dem Alter der Erde, brandneu. Die Länder leben hier und jetzt eine Stunde auseinander. Habe ich eine Stunde verloren, weil die Uhr anders geht, oder habe ich in Portugal nur für ein paar Tage eine Stunde vorausgelebt? Ich beschließe, dass der Augenblick sich nicht in das enge Maßsystem meiner Uhr pressen lässt. Der Augenblick ist ohne Zeit.

Ich finde die Kathedrale von Tui und die Herberge fast auf den Gongschlag. Die Routine des Tagesabschlusses nimmt ihren Lauf, noch bin ich allein in der Herberge. Nach den Pflichten kommt der Stadtrundgang und das Einkaufen für Abendessen und Frühstück, auch wenn die Herberge leider keine Küche hat. Doch das passt heute besser zu meinem Tag. Ich finde eine gemütliche Bar, in der das TV als Radio mit schöner Musik mir mein Glas Vino blanco munden lässt. Grüße per SMS vom Pilgerfreund Colin aus Köln haben mir dieses Glas sozusagen auf den Tisch gewünscht. Ein Kind bekommt im Kinderwagen sein Abendessen aus dem Gläschen verabreicht. Käme jetzt noch „What a wonderful world" aus den Boxen, ich würde vor Freude auf dem Tisch tanzen.

Dienstag, den 12. Januar: Tui --> O Porriño

Gegen Mitternacht habe ich es zum ersten Mal wahrgenommen und jetzt gegen 7:30 Uhr stelle ich fest, die durchschnittliche Wassermenge, die in Galicien im Januar vom Himmel kommt, scheint das heute zu tun. Ich stehe jetzt schon auf, denn spätestens um 9:00 Uhr habe ich die Herberge zu verlassen. Hätte ich nicht alle meine Teelichter schon verteilt, wäre es jetzt fast unerträglich gemütlich und romantisch. In aller Ruhe genieße ich jeden

Bissen aus den fünf verschiedenen Tüten und trinke Saft statt Kaffee. Hier gibt es ja, wie gesagt, keine Küche. Um 8:30 Uhr macht eine Geisterhand der Marke Zeitschaltuhr das Licht an. Soll ich trotz des Regens losgehen, hört der Regen noch einmal auf? Heute Abend werde ich wissen, was mein Körper, was mein Gefühl entschieden hat. Jetzt erst einmal einpacken, eine Bar für einen Kaffee suchen und einen Briefkasten für die Postkarten, in Summe bin ich bei dreizehn Stück – eine gute Zahl. Dafür gibt es auf diesem Camino mehr SMS, gegen Abend kam gestern noch eine von der Alb, von Jürgen. Irgendetwas lässt mich hoffen, dass es nicht mehr regnet, und so packe ich die Regenhose ein. Die Bar meiner Hoffnung ist noch geschlossen, die anderen sprechen mich nicht an, also ziehe ich in einem Hauseingang dann doch die Regenhose an und finde auch die Regenhaube für den Rucksack. Es ist eindeutig, ich will nicht den ganzen Tag in der Stadt verbringen. Der Weg durch die Altstadt gefällt mir, im Regen ist leider alles grau in grau, das hat die Stadt eigentlich nicht verdient. Ein paar Blumen lächeln mich an. Es ist schön, hier sein zu können, einfach nur so, und nur dem zu folgen, was das Gefühl vorgibt. Nun, die Richtung geben die gelben Pfeile an, aber dass ich ihnen folge, habe ich ja selber entschieden, vor allem auch, dass ich es heute tue.

Der Weg weiter durch einen Wald ist nicht gut zu begehen, nach einer Autobahnbrücke geht es leicht bergab. Dann gibt es doch etwas viel Wasser, die Brücke über den nächsten Bach ist überspült, der Meilenstein steht mitten in einem See. Ich versuche, einen Weg diesseits der Autobahn zu finden, auf dem ich den reißenden Bach überqueren kann. Nix da! Also zurück. Richtige Karten hat der gelbe Führer nicht, die Sonne zeigt sich auch nicht, jemand zum Fragen ist auch nicht da, also dem Gefühl folgen. Erst einmal gehe ich auf der breiten Straße weiter, die parallel zur Autobahn verläuft, die dritte Straße rechts sagt mir zu. Durch ein kleines Dorf hindurch geht es unter der Autobahn durch weiter zum Bach. Eine Brücke, noch nicht überschwemmt, taucht linker Hand auf. Ich folge

dem Weg, bin bald wieder in einem Ort. Kein Schild mit einem Ortsnamen ist zu sehen, aber ich finde einen Meilenstein vom Caminho. Auf der Suche nach einer Bar lande ich in einem Supermarkt. Da dort ein Tisch mit Stühlen steht, lasse ich mich erst mal nieder, aber einen Kaffee will die Dame mir dann doch nicht machen. Sie greift sich den Schirm einer anderen Kundin, kommt mit hinaus und zeigt mir den Weg zur nächsten Bar. Dort bekomme ich zum Kaffee gleich noch unaufgefordert Oliven und zwei kleine Schinkenbrote. Ich bin im Jetzt – und glücklich. Zum Ermitteln des Hier habe ich keine Lust. Der Ortsname ist mir im Augenblick völlig unwichtig. Meine Gelassenheit ist abgesichert: Die Etappe ist nur 16 Kilometer lang, wenn ich nicht doch noch Lust verspüre, weitere 5,5 Kilometer zur nächsten Herberge dranzuhängen. Kaum losgelaufen, habe ich schon jetzt, ähnlich wie auf dem Camino Francés, meine liebe Mühe, nicht zu früh in Santiago anzukommen. Der 100-km-Stein wird heute noch auftauchen.

Heute hatte ich Momente ohne Gedanken nach hinten, ohne Gedanken nach vorne, nur Gedanken für die Blume, den Baum, das Haus, den Weg, den Vogel, den Hund – ohne Parallelerlebnisse aufzurufen, die mich aus dem Jetzt hinauskatapultiert hätten. Doch einen Gedanken für die Zukunft hatte ich, besser einen Wunsch: Wann werde ich an einem Hund vorbeigehen können, ohne dass er mich anbellt? Schön, dass ich noch Wünsche in meinem Leben offen habe. Eigentlich wollte ich mir keine Aufgaben mehr vornehmen, die mich unter Druck setzen könnten. Doch jetzt, während ich den Männern an der Theke zuhöre, ohne etwas zu verstehen, beschließe ich, etwas gegen meine Sprachunterbelichtung zu tun. Ich werde mit Italienisch anfangen, denn im Sommer ist ja Pilgern nach Rom geplant. Bin ich unbescheiden, noch nicht angekommen, mich schon auf das Übernächste zu freuen? Nein – nur glücklich!

Froh ziehe ich weiter. Ich freue mich, dass auch in Spanien Gebiete renaturalisiert werden. Als ich dann die nächste Brücke wieder unter Wasser stehen sehe, verstehe ich auch, was der Barkeeper gesagt haben mag. Auch hier ist der Weg überschwemmt. Ich probiere es. Nachdem meine Knöchel im

Wasser und meine Sohlen ohne Grund sind, kehre ich um. Also ist heute der Tag zu erkunden, ob ich meinen Weg auch ohne gelbe Pfeile finde. Ich prüfe die Richtung, präge mir den Zielort ein, die Sonne scheint, ich schlendere weiter durch Spanien ohne gelbe Pfeile, ein gutes Gefühl. In der letzten Bar hatte ich mir vorgenommen, etwas für meine Sprachkenntnisse zu tun. Als mir in einem Dorf ein Bauer mit der obligatorischen Hacke auf der Schulter entgegenkommt, will er mich beim Stichwort „Caminho Santiago" zurückschicken. Meine Gesten und das Wort „agua" lassen ihn seine Stirn runzeln und ein Nicken folgt. Als ich O Porriño als Zielort einfließen lasse, zeigt er nur nach vorn. Die Richtung, die mein Gefühl auch vorgibt, findet ihre Bestätigung. Ein, zwei Kilometer weiter kommt mir eine junge Frau entgegen. Sie spricht rasend schnell und ich picke nur „rechts" und „Apotheke" auf. Rechtzeitig, bevor ein Gewitter losgeht, kommt eine Bar rechter Hand, ich bin wieder mal in einem Ort. Mein Weg ist nur nicht in meiner Karte verzeichnet und ein Ortsschild habe ich auch nicht gesehen. Die Uhrzeit lässt eine Pause zu. In der Bar erfahre ich, dass ich richtig bin, in einem Vorort von O Porriño, und wieder mischt sich in die Flut der spanischen Worte das Wort „Farmacia". Es ist Viertel nach drei. Hätte ich Eile, die nächste Herberge zu erreichen, wäre es kein Problem. Doch ich werde hierbleiben, es mir gut gehen lassen und morgen auch nur ca. 15 Kilometer laufen. Es ist schön, so viel Zeit zu haben und auch die Muße, eine spanisch-englische Unterhaltung in einer Bar zu führen.

Nach einer Weile sehe ich die Farmacia und auch ein Hinweisschild auf O Porriño, natürlich ohne Kilometerangabe. Ich laufe vor mich hin, hier einzelne Häuser, da eine Siedlung mit Ortsnamen, die nicht auf meiner Karte stehen. Obwohl ich weiß, dass ich auf dem richtigen Weg bin, fühle ich mich doch zwischendurch unsicher. Gut, warum soll es auf dem Camino anders sein als im Leben sonst, besonders dann, wenn ich mal von den gelben Pfeilen weg bin. Doch es tut auch gut, einmal andere Wege zu gehen, zumal ich mich ja in absoluter Sicherheit befinde: Es gibt viele Türen, an denen ich klingeln könnte. Die Herberge taucht auf, fast wäre ich daran vorbeigelaufen, denn ich komme aus einer anderen Richtung als im Führer beschrieben. Ein Schild klärt mich auf, dass ich zum Rathaus muss, um mich anzumelden. Auch das finde ich. Die Dame möchte fünf Euro haben, die habe ich nicht passend, also gehe ich erst einmal einkaufen und wechsle dabei meinen 50-Euro-Schein. Als ich zurück bin, ist sie mit drei Euro zufrieden, die hätte ich sogar passend gehabt. Dann wird die Polizei angerufen und wir verabreden uns in ein paar Minuten an der Herberge. Die beiden Polizisten schließen mir auf, ich bekomme zwei Telefonnummern, die ich anrufen soll, falls ich noch einmal zum Essen in die Stadt gehen möchte. Sie würden dann wiederkommen und mir öffnen. Ich habe eingekauft und bin froh, dem Regen entronnen zu sein. Bei meiner Wäsche setze ich das Bad unter Wasser und dann genieße ich es nur noch, heute eine super geheizte Herberge für 48 Pilger für mich allein zu haben. Ich finde auch den Stecker für den Getränkeautomaten, der einen fürchterlichen Lärm verbreitet – danach nicht mehr. Als ich meine Sachen gleichmäßig im Zimmer verteile, stelle ich mir mit Schrecken vor, wie das bei Regen und einer vollen Herberge aussehen würde. Ich bin zufrieden, dass ich alles in Plastiktüten verpackt habe, vor allem den Schlafsack, der ganz unten in einem Extrafach im Rucksack residiert. Der Regenüberzug scheint alles Wasser dorthin zu baggern. Hauptsache, der Schlafsack ist trocken, der Rest wird morgen auch trocken sein. Laut gelbem Führer habe ich in der Stadt nichts verpasst. Ich habe es warm, ich habe Zeit, also ziehe ich Zwischenbilanz: Für 135 Kilometer habe ich sieben Tage gebraucht. Gut, meine Umwege dazugerechnet, ist das für mich eine gute Bilanz, ich erreiche mein Ziel, diese Pilgerfahrt zu schlendern. Bis Santiago, so habe ich im Führer herausgesucht, sind es noch neun Herbergen und 100 Kilometer, also nehme ich mir, grob gerechnet, fünf Tage vor. Es reizt mich, wieder den Weg nach Finisterre zu gehen, um zu erfahren, wie es ist, den gleichen Weg noch einmal zu laufen. Das sind gut 90 Kilometer, ich bin sie damals in drei Etappen gelaufen. Die Entscheidung wird in Santiago fallen.

Ein Pilger (oder ein Vagabund?), den ich im Ort schon mit seinem Hund gesehen habe, klopft an die Herberge. Ich unterhalte mich mit Michael, teile meinen Wein. Ich bin Luxuspilger, er ein Vagabund – eine schöne Stunde der Gemeinsamkeit. Es treffen zwei Spanierinnen ein, ich gebe ihnen die Telefonnummern, die man mir aufgeschrieben hat. Eine geht zum Rathaus zur Anmeldung. Sie leben in der Nähe von Tui, sind heute gestartet und fix und fertig von den Überschwemmungen auf den Wegen. Ich habe nach Michael gesehen, seine Sachen sind da, er und sein Hund nicht. Ich schwanke zwischen „schade“ und „Gott sei Dank“. Ich habe ihm noch beim Abgang gesagt, dass ich irgendwie Angst vor ihm habe. „Warum, ich bin doch ein Peregrino?“ – „Ich habe Ängste, das hat nur bedingt etwas mir dir zu tun“, war meine Antwort. Er hat sich Pappe besorgt, um unter dem Vordach der Herberge zu nächtigen. Ich spreche noch einmal mit ihm und er wird unten in einem Raum in der Herberge sein Domizil für die Nacht finden.

Mit den beiden spanischen Damen gibt es eine kurze Diskussion, sie haben klare Anweisungen der Polizei, die ja für unsere Sicherheit verantwortlich ist, wir aber sind Peregrinos. Dass der Hund mit hineinkommt, passt uns allen dreien nicht, aber Michael und der Hund haben einen anderen Raum, die beiden Damen und ich haben auch je unser Zimmer. Morgen haben wir drei dasselbe Ziel, bei der Frage nach der Startzeit bin ich eindeutig: mal sehen, wie es morgen früh ist.

Mittwoch, den 13. Januar: O Porriño --> Redondela

Die Herberge liegt direkt neben der Autobahn, ein ungewohntes Geräusch des Nachts. Den Topf, in dem ich heute mein Kaffeewasser erhitze, schätze ich auf sieben Liter, die kommen derzeit auch pro Sekunde vom Himmel. Die beiden Spanierinnen haben gestern auch bestätigt, dass dieser Januar kälter und feuchter ist als sonst. Aber was klage ich, an den ersten paar Tagen meiner Pilgerfahrt gab es ja einfach nur wunderschönen Sonnenschein und auch gestern habe ich die Sonne gesehen, nicht nur im Lächeln der Blumen. Nichts in mir will heute losgehen. In dem gelben Führer steht dann auch noch, dass man erst ab 17:00 Uhr in die Herberge in Redondela eingelassen wird, also ist jetzt um 9:20 Uhr noch kein Grund zur Eile. Fünf vor zehn habe ich alles fertig gepackt, klopfe artig ans Zimmer der Damen und verabschiede mich. Wieder plagen mich Zweifel, ob ich mich richtig verhalte. War ich über die Überlegung „richtig" oder „falsch" nicht schon mal hinaus?

Raus aus der Stadt. Ich konzentriere mich, erinnere mich, an welcher Stelle ich in den gelben Führer schauen sollte. Einmal stoppt ein Auto und weist mir den rechten Weg. Sind heute weniger Blumen am Wegesrand oder übersehe ich sie nur? Kaum ist der Gedanke zu Ende gedacht, sind sie wieder da und schenken mir ihr Lächeln. Ansonsten ist das eher ein Tag der Selbstmotivation. Freude, wenn es mal einen Augenblick aufhört zu regnen, Freude, wenn der Weg nicht direkt an der Nationalstraße entlanggeht, Freude, dass der Weg nicht überschwemmt ist, also ist Teer das kleinere Übel – heute. So brauche ich heute auch nicht meine Pfadfinderkenntnisse herauszusuchen. Als rechter Hand ein Blumenladen mit

Fleurop-Zeichen auftaucht, bin ich versucht, Katharina einen Strauß zu senden. Schade, dass ich dem spontanen Gedanken nicht folge, doch der Gedanke, da bin ich sicher, wird auch so ankommen. Ich bin früh dran. Trotz des gleichen Wetters, dem ich zu Hause ja eigentlich entfliehen wollte, als ich Ende November die Pilgerfahrt plante, hat der Tag seine Reize, sein Schönes. Als mein Stift beschließt, dass die Notizen ein Ende haben sollen, folge ich diesem Hinweis und verlasse das Restaurant, in dem ich mir nur einen Café solo grande gegönnt habe. Stopp in der nächsten Bar. Mit vielen Gesten bekomme ich einen Stift geborgt, sodass der Tag wieder schriftlich weitergehen kann. Kurz zuvor habe ich einen Italiener getroffen, ein Jahr jünger als ich und in Tui gestartet. Das muss der sein, den die beiden Spanierinnen gestern getroffen haben, denn auch mir erzählt er die Geschichte von seinem zu dünnen Schlafsack. Es ist auch nicht sein erster Camino. Er berichtet von einer Gruppe von Staffelpilgern (eine Gruppe startet in Rom, läuft 14 Tage und wird von der nächsten Gruppe abgelöst und das geht so weiter bis nach Santiago), die bald von Rom nach Santiago starten werden. Richtig, wir sind ja im Heiligen Jahr. Noch steht mein Plan, am 15. August ab Lausanne nach Rom zu pilgern. Am Folgetag der Doppelhochzeit zweier meiner vier Söhne bekomme ich wohl am besten die Energie dafür. Denn darum geht es doch, jedenfalls bei mir, der Energie die Richtung zu geben, sodass Glück entsteht.

Als ich im Ort ankomme, laufe ich erst mal in Richtung Ortsmitte. Gerade, als ich nach dem Führer greifen will, sehe ich die Herberge schräg über den Platz vor mir liegen. Der Führer sagt, sie macht erst um 17:00 Uhr auf, an der Tür steht aber 13:00 Uhr und so kann ich die Klinke mit Erfolg drücken. Eine nette Spanierin empfängt mich, zeigt mir alles. Im Zimmer liegt schon Remo aus Italien im Bett, er hat also doch kein Hotelzimmer genommen. Während ich mich ausbreite, macht er sich auf, ein Internetterminal zu finden. In der Herberge ist auch die Bücherei, ich braue mir meinen Kaffee und lese. Michael hat mir gestern ein Buch empfohlen: Manolo Link – „Ein neues Leben auf Bali – Insel der Götter". Er wollte es mir fast schenken, doch ich habe ihm versichern können, dass mir die ISB-Nummer reicht, da die zudem leichter ist als das Buch selber, das er noch nicht ganz fertig gelesen hatte.

Im Schreibwarenladen habe ich eben viel Freude verbreitet, als ich nach der Auswahl der Postkarten meinen Stift auseinandergeschraubt habe. Selbstverständlich habe ich das Wort für Kugelschreiber aus meinem Wörterbuch herausgesucht, Kugelschreibermine stand aber nicht drin.

Zurück in der Herberge höre ich aus dem Nachbarraum die Stimmen der beiden Spanierinnen, sie sind also auch bis hierher „durchgeschwommen". Der Vater der Jüngeren kommt gleich, um die überflüssigen Sachen abzuholen und die nassen Sachen gegen trockene auszutauschen. Sie haben eben den Vorteil, aus der Gegend von Tui zu stammen, das ist mit dem Auto bis hierher in zwanzig Minuten zu schaffen, zu Fuß halt in zwei Tagen. Heute ist dann auch der Tag des Namensaustausches gekommen: Andrea und Magda.

Die anderen essen in der Herberge, mir ist zur Abwechslung mal nach warmem Essen, genau jetzt fehlt mir eindeutig Ineke. Nun, warm ist das Essen und Katharina wird sich freuen, wenn mir nach der Rückkehr nach Salat und Gemüse zumute ist. Warum nur habe ich das Wörterbuch wieder in der Herberge gelassen ...?

Zum Ausklang haben wir in der Herberge noch einen netten fünfsprachigen Abend. Ich lerne Andreas' Vater kennen, der vollbepackt die Herberge verlässt. Remo ist besonders betrübt, dass so wenige Kirchen geöffnet sind. Ihn als Priester trifft das wohl besonders hart. Ich habe mich auf dem Camino Francés im Sommer schon daran gewöhnt.

Donnerstag, den 14. Januar: Redondela --> Pontevedra

Remo ist der erste, „schon" um 8:30 Uhr verabschiedet er sich abmarschbereit. Als ich mit dem Frühstück fertig bin, ziehen die beiden Damen Andrea und Magda los, sie wollen unterwegs frühstücken. Ich trödle herum, verpacke mich in die Regenkleidung und bekomme dann kaum einen Tropfen ab. Ich habe lange genug getrödelt, der Regen hat aufgehört. Heute Vormittag genieße ich nicht nur das Lächeln der Blumen, sondern auch das der Sonne. Wenn ich in die richtige Richtung blicke, sehe ich sogar strahlend blauen Himmel. Um 11:00 Uhr schon gönne ich mir den ersten Café solo grande und einen Saft.

Ein schöner Weg, alles passt und ich merke, es geht: Ich kann auch, ohne nach hinten und vorn zu denken, einfach nur gehen, einfach nur sehen, einfach nur fühlen. Links der Blick auf die Meeresbucht. Nach dem Überqueren der N 550 seltsam lange keine Wegmarkierungen, also den gelben Führer raus, aha! Ich hätte der Straße folgen müssen und nicht diesen schönen Waldweg nehmen dürfen. Ich habe mir heute ja einen Umweg aus der Stadt hinaus gespart und heute war noch keine Brücke überschwemmt, also musste wohl mein Unterbewusstsein für den notwendigen Schlenker sorgen, der den Tag abrundet. Im nächsten Ort (Arcade) angekommen, fängt es pünktlich an zu regnen – Schirm raus – für die Regenhose bin ich zu träge. An einigen Bars und Restaurants gehe ich im strömenden Regen vorbei. Als der Regen aufhört, gefällt mir eine Tür links und ich weiß, warum ich bis hierher weitergegangen bin: Die beiden Spanierinnen kommen um die Ecke, der wohltuende Drei-Minuten-Plausch, dass der Camino herrlich sei, findet statt, auch wenn die beiden fußtechnisch eher am Ende sind. Aus reiner Angeberei zeige ich den Bordsteinhopser, mit Rucksack ist das auch für mich Premiere.

Die Wirtin des Restaurants stürze ich in riesige Probleme, als ich einen Ensalada haben möchte und weiter nichts. Nach einigem „Si“ und „No“ sieht sie zufrieden aus und verschwindet in der Küche. Ich bin gespannt. Gestern war mir schon nach Vitaminen. Der Salat ist liebevoll zubereitet, ich schaffe es zu verhindern, dass auch noch der Fernseher eingeschaltet wird. Dafür holt sie ein Büchlein heraus, in dem sie die wichtigsten Worte in mindestens 4711 Sprachen verzeichnet hat. Mein Gefühl hat mich vor der richtigen Tür halten lassen. Selbst die inzwischen erlangte Erkenntnis, dass ich heute erst sechs Kilometer zurückgelegt habe, kann mich überhaupt nicht aus der Ruhe bringen. Es muss daran liegen, dass ich das immense Gewicht von vier geschriebenen Postkarten schon seit gestern Abend überflüssigerweise mit mir herumtrage. Das ist die Ebene, auf der ich heute Probleme zulasse. Möge diese Ebene für immer anhalten.

Nach dem obligatorischen Café solo grande geht es weiter. Die beiden Spanierinnen tauchen vor mir auf, sie haben gerade Rast gemacht. Der Platz gefällt mir, sie sind im Aufbruch, also das übliche kurze „Hola“ und die Frage, ob ich den gesperrten Weg ausprobiert habe oder die ausgewiesene Umleitung gegangen bin. Dann habe ich diesen schönen Weg wieder für mich allein und auch noch – fast – ohne Regen. Irgendwann überholen mich ein Spanier und eine Holländerin. Als ich „Deutscher“ sage, kontert sie sofort: „Ach, Hermann!“ Sie hat meinen Eintrag in einer Herberge gelesen, aber nicht dort übernachtet, sondern in einer Pension. Nicht nur meine Bemerkung über die Nachttemperatur in der Herberge hat sie abgeschreckt. Plötzlich ist mir seltsam: „Du hast dein Handy verloren“, schießt es mir durch den Kopf. Ich klopfe alle Taschen ab, halte an und mache gründliche Visite am Wegesrand – kein Handy. Also packe ich alles wieder ein und kehre um. Keine hundert Schritte zurück liegt es mitten auf dem Weg. Das Gefühl kam wohl genau in dem Augenblick, als es meine Tasche verlassen hat. Ich werde noch öfter meinem Gefühl folgen, immer öfter.

Ein wunderbarer Regenbogen entschädigt für die Aufregung. Bei einer Kapelle treffe ich wieder die beiden Spanierinnen. Sie sitzen auf der Bank davor in einem Gespräch mit ein paar Dorfbewohnern. Die restlichen Kilometer gehen wir auf Sichtweite. In der modernen Herberge von Pontevedra sind wir zu siebt. Ein Australier mit seiner Freundin hat die überflutete Passage per Bus und Bahn gemeistert und eine Etappe übersprungen. Die Wäsche hängt auf der Leine, der Kochtopf für das Kaffeewasser reicht wieder für eine Großfamilie. Der Camino ist wieder einmal vom Feinsten!

Die Spanierinnen sagten gestern, dass ich den falschen Wein gekauft hätte. Der aus dieser Gegend heißt „Alentejo“ (so lese ich jedenfalls das, was Magda mir ins Büchlein geschrieben hat). So gehe ich einkaufen und esse mit Magda und Andrea in der Herberge zu Abend, trotz des Hinweises auf den falschen Wein. Magda ist total müde und verschwindet schon bald im Bett. Letzte Nacht war starker Wind, der ums Haus pfiff, und sie konnte nicht richtig schlafen. Andrea erzählt mir ihre Pläne, die Zeit zu nutzen, bis sie endlich ihren Traumjob bekommt. Ich kann sie nur darin bestärken, sich die Welt anzusehen und Sprachen zu lernen. Das ist ja auch auf diesem Camino ein Ziel für mich geworden. Bei ihr ist es Englisch, bei mir jetzt erst einmal Italienisch. Sie räumt auch mit dem Aberglauben auf, dass die Spanier die Compostela in die Bewerbungsunterlagen heften. Weder sie noch ihre Bekannten würden das tun.

Freitag, den 15. Januar: Pontevedra --> Portas

Die Nacht ist unruhig und schon sehr früh geht ein Wecker, keine fünf Minuten später wieder einer … Irgendwann greife ich meine Sachen, ab unter die Dusche und frühstücken. Mein Kaffee weckt bei Mike, der Holländerin, Aufmerksamkeit. Gestern ist mir als Plan durch den Kopf gegangen, nächste Woche den Camino Francés ein Stück zurückzugehen.

Das erscheint mir attraktiver als der Weg nach Fisterra. Mal sehen, was mein Gefühl in Santiago sagt, es sind noch drei Tage bis dorthin. Hier in der Herberge hängt ein Zettel, dass die Herberge in Caldas de Reis geschlossen ist. Das war eigentlich für mich das Ziel für heute, die nächste Herberge ist 18 Kilometer weiter, also wieder eine kurze Etappe und ich werde nur bis Briallos gehen.

Zunächst geht‘s noch durch die Stadt, interessant die Wegweiser, kleine in den Granitgehsteig eingelassene Lampen. Zwei Kirchen sind offen, in einer wird eine Messe gehalten, ich setze mich dazu. Der Weg durch die Vorstadt hinaus ist etwas langweilig, aber das kenne ich ja schon. Dann ein sehr schöner Weg, ein Naturschutzgebiet zur Linken. Abenteuer ist auch angesagt, denn der Weg ist oft überschwemmt. Aber ich kann immer auf einer Wiese nebenan vorankommen. Ein winziges Dorf, eine kleine Bar, ein riesiger Fernseher. Kurz aus dem Regen heraus, Kaffee und Orangensaft – die Lebensgeister sind wieder geweckt. Weder Uhrzeit noch Ortsnamen interessieren mich, das Vertrauen, dass alles gut ist und gut bleibt, ist wieder da und es ist ein schönes Gefühl.

Bei der Herberge angekommen, stellt sich heraus, dass diese auch geschlossen ist. Ich halte ein Auto an, Mike und Raphael, der Spanier, sind inzwischen auch angekommen und haben die gleiche Info. Die beiden Spanier in dem Auto rufen die Telefonnummer aus meinem Führer an und verkünden, dass es eine Notherberge in Portas gebe. Wir laufen weiter, Mike und Raphael sind schneller. Ich habe in

Briallos schon für Abendessen und Frühstück eingekauft, die Tüte mit Saft, Wein – ja, auch Brot, Käse und Früchte – macht mich zusätzlich langsam. Wir verabschieden uns und ich trödle unschlüssig weiter. Pension in Caldas de Reis oder Notherberge in Portas – ein typisches Pilgerproblem, das in Ruhe durchdacht werden möchte, denn die Entscheidung ist ja sowieso egal, so oder so, es wird gut.

Langsam wird es dunkel. Ein Jeep mit eingeschaltetem Blaulicht hält hinter mir auf dem Feldweg. Selbstverständlich gehe ich mein Sündenregister einmal rauf und runter – Verbrechen in Spanien fallen mir ad hoc nicht ein. In englisch-spanischem Kauderwelsch macht der Herr vom Zivilschutz mir klar, dass er mich zur Notherberge fahren will, Mike und Raphael sammeln wir auch noch auf. Wir landen in einer Turnhalle und verteilen uns auf die Umkleideräume „Heim" und „Gast" – Abenteuer! Ich hatte ja im letzten Ort schon eingekauft, habe aber keine Lust, in der Turnhalle eine Dinnerparty zu veranstalten, und so werde ich morgen deutlich schwerer starten. Auf dem Camino Francés im Sommer wäre es kaum aufgefallen, hier aber auf dem relativ leeren Caminho Português überlege ich schon, wo der eine oder die andere geblieben sein mag. In der Bar lerne ich ein spanisches Brettspiel, das unserem „Mensch ärgere Dich nicht" ähnelt. Zu essen gibt es nur Bocadillos, die sind aber riesig und sehr gut. Dann kehren wir wieder in „unsere" Turnhalle zurück. Dort wird trainiert. Keiner schimpft, dass wir beide Umkleideräume belegt haben. Die Matratze ist ungewohnt hart und so wache ich in regelmäßigen Abständen auf. Das letzte Mal habe ich vor vielen Jahren in München auf dem Kirchentag in einer Turnhalle geschlafen. Ich kam direkt aus Japan und der Jetlag, kombiniert mit der ungewohnten Umgebung, war schon suboptimal für mich. Trotzdem eine schöne Erinnerung. Wir verabreden, morgen früh um 8:00 Uhr aufzustehen.

Samstag, den 16. Januar: Portas --> Teo

Wir sind alle drei fast gleichzeitig fertig, alles in schöner Ruhe. Los geht es bis zur nächsten Bar, wo wir den Schlüssel abgeben sollen. Einen Kaffee zum Abschied, dann schlendere ich langsam los. Die beiden überholen mich schon bald. In Caldas de Reis mache ich einen Schwenk nach rechts zur ersten Bar und dem zweiten Kaffee an diesem Morgen. Ein junger Pilger kommt herein, spricht mich an, schnell einigen wir uns auf Deutsch, es ist Sebastian. Also noch einen Kaffee und einen Austausch über die Wasserfluten in den letzten Tagen und den Ärger über die letzte, geschlossene Herberge. Er hat hier übernachtet. Mike hat er auch getroffen. Er ist am 8.1. in Porto los und den Küstenweg gegangen. Ein Stück gehen wir gemeinsam, dann findet jeder wieder sein Tempo. Am Weg wird an vielen Stellen gearbeitet und so ist er immer gut passierbar. Im nächsten Ort, in der nächsten Bar treffe ich Sebastian wieder, er ist gerade im Aufbruch. Ein bisschen Blödeleien, eine Menge Lachen, dann ist er fort und ich trinke auch langsam meinen Orangensaft aus. Zehn Minuten Pause tun immer gut. Eine große, alte Uhr an der Wand mahnt mich zum baldigen Aufbruch.

Ist es die Nähe zu Santiago oder eine Nebenbemerkung von Sebastian? Beim Weitergehen sind wieder Gedanken über Gott und die Kirche im Vordergrund. Dann kommt ein schöner Rastplatz, es ist einen Moment trocken von oben, also genieße ich mein Picknick und habe den Kopf wieder frei. Jetzt taucht der Gedanke auf, heute gleich bis Santiago durch zu gehen. Na, mal sehen, bei der nächsten Herberge werde ich entscheiden. Es wird mir einfach gemacht: Im Ort geht's zur Herberge nach links und der Caminho läuft rechts weiter, also hier keinen Stopp, zehn Kilometer weiter in Teo gibt es noch eine Herberge und es ist jetzt erst 16:15 Uhr. Ob die Herberge geöffnet haben wird, okay, das sehe ich dann so zwischen 19:00 Uhr und 19:30 Uhr. Wenn nicht, sind es von Teo noch zwölf Kilometer bis Santiago – da wäre ich dann glatt eine Stunde vor Mitternacht.

In der nächsten Bar trinke ich einen Kaffee zur Stärkung, einen Stempel haben die hier nicht, na, mal sehen, ob man mir im Pilgerbüro in Santiago glaubt, dass ich gelaufen bin. An den Fenstern eines Jugendzentrums wird in vielen Sprachen den vorbeigehenden Pilgern eine gute Reise gewünscht. Ein Hund schaut friedlich über eine Gartenmauer.

Es ist wirklich auf diesem Caminho vieles anders. Beim letzten habe ich das Ankommen hinausgezögert und jetzt mache ich auf den letzten Kilometern Endspurt. Der Wunsch, ein Stück Francés zurückzupilgern, zieht, nicht nur Santiago selber. Links vom Weg ab, laut Schild in fünfzig Metern, taucht eine Bar auf, ein Stempel fehlt noch, das ist der alleinige Grund für den Zwischenstopp und dort lässt sich auch die Regenhose einfacher ausziehen und verstauen. Ich bin erstaunt, wie viel Ruhe ich trotz des Dranges anzukommen habe. Es ist jetzt kurz nach 18:00 Uhr und Teo ist noch sechs Kilometer entfernt. Mal sehen, ob die offen haben, Spannung, ja, aber eine schöne! Ich brauche mit der Auflösung der Frage, ob die Herberge in Teo geöffnet ist, nicht bis dort zu warten. Sebastian kommt um die Ecke, er hat sich bei der letzten Herberge erkundigt und auch eine Nachricht für mich dort hinterlassen. Das war also das Gefühl, den kleinen Schlenker bis dorthin zu gehen, nicht der Stempel, der mir nun fehlt. Wir kommen an einer geöffneten Kirche vorbei, in der ein Gottesdienst stattfindet. Wir verweilen bis zum Abendmahl. Dann geht's im Dunkeln weiter zur Herberge. Andrea, Magda, Raphael und Mike sind auch schon hier. Zu dritt haben wir dann ein Abschiedsessen in einem noblen Restaurant, die anderen speisen in der Herberge.

Sonntag, den 17. Januar: Teo --> Santiago --> Arca do Pino

7:30 Uhr ist die verabredete Weckzeit, denn dann schaffen wir es, pünktlich zur Sonntagsmesse um 12:00 Uhr in Santiago zu sein. Es gibt ein gemeinsames Frühstück aus all unseren Tüten. Sebastian ist noch nicht wach genug, um das Teewasser in seine Flaschen zu füllen, ich helfe ihm und er bewundert meine ruhige Hand mit der Bemerkung: „Na ja, bei fünf Kindern kannst du Flaschen schon gut füllen." Erst zu Hause bekomme ich mit, dass das mein Geschenk zu seinem dreißigsten Geburtstag war.

Ich gehe als Vorletzter los, habe den schnellen Gang eingelegt. Die anderen scheinen auch schnell unterwegs zu sein, denn ich überhole niemanden. Erst kurz vor Santiago hole ich Andrea und Magda ein, bald kommen Mike und

Raphael von hinten, sie haben noch einen Kaffee-Stopp in einer Bar gemacht, Sebastian taucht auch auf. Dann fällt das Feld wieder auseinander. Ich habe das Bedürfnis, die Messe allein zu besuchen. Die Zeit reicht noch, um mich einmal zu verlaufen und um die Compostela abzuholen. Ich frage im Pilgerbüro nach Informationen zum Camino Francés und bekomme eine A4-Seite mit allen öffentlichen Herbergen bis Roncesvalles und den Entfernungen zwischen ihnen. Gut, mehr brauche ich nicht. Um 11:58 Uhr bin ich an der Tür der Kathedrale und finde diese verschlossen. Die Messe hat schon angefangen und während der Messe ist das Hauptportal zu. Mir fällt der Seiteneingang ein und richtig, hier komme ich noch hinein. Ich stelle meinen Rucksack an eine Säule und finde ein Plätzchen im Seitenschiff, ich bin angekommen. Das Gefühl ist ganz anders als im Sommer – das Getragensein von vielen glücklichen Pilgern ist nicht da, denn die paar Pilger verlieren sich in der Menge der Einheimischen und Touristen. Ich sehe Sebastian zum Abendmahl gehen, gehe selber auch, deshalb bin ich ja hierher gelaufen. Nach der Messe laufe ich Remo auf meinem Weg zur Statue des Apostels Jakob in die Arme. Es ist schön: Von den zehn Pilgern (Sue, Lin, Mike, Raphael, Andrea und Magda, Remo, die zwei Australier und Sebastian), die ich auf dem Weg getroffen habe und die in meine Richtung gegangen sind, treffe ich im Gottesdienst sechs wieder. Der Weihrauchkessel wird heute nicht geschwenkt, dafür ist wegen des Heiligen Jahres die Heilige Pforte geöffnet und ich schreite hindurch. Das nächste Treffen ist im Tourismusbüro. Raphael setzt eine Beschwerde wegen der geschlossenen Herberge in Briallos auf.

Dann die allerletzte Verabschiedung mit einer kleinen Tanzeinlage in der Touristeninformation. Ich mache mich auf den Rückweg, es ist jetzt 14:00 Uhr. In nur zwei Stunden habe ich in Santiago alles genossen, was dieses Mal dran war, letztes Mal bin ich zwei Tage geblieben. Mein A4-Führer bietet eine Herberge nach fünf Kilometern und eine nach weiteren 16 Kilometern an. Meine Wahl fällt auf die längere Strecke. Aus Santiago hinaus komme ich meiner Tradition nach, Abstecher zu machen. Ein paarmal nachfragen und bald habe ich verstanden, dass ich auf die blauen Pfeile achten soll, die, mit einer Spirale beginnend, oft gut versteckt und im Übrigen recht selten sind. So gewöhne ich mich daran, nach dem Weg zu fragen, und meine wenigen spanischen Vokabeln festigen sich. Ich komme in Arca do Pino an, bin der Einzige in der Herberge. Erinnerungen aufzufrischen, wird wohl nicht klappen: Die Bar, in der ich von Linde das vierblättrige Kleeblatt bekommen habe, ist geschlossen, die Superherberge, von der Kirstin und Tina geschwärmt haben, auch. In dem Restaurant, das Ineke ausgesucht hatte und in dem wir unser erstes Abschiedsessen gefeiert haben, wird heute nicht gekocht. Ein neuer Camino hat begonnen.

Oft habe ich in den letzten Tagen die Sitte gepflegt, einen Stein aufzuheben, ihn weiterzutragen und auf einem Kreuz oder Meilenstein abzulegen. Von Sebastian habe ich übernommen, die Muschelkacheln zu berühren – er lässt keine aus – ich tanke nur hin und wieder dort Kraft. Als ich heute Nachmittag vor einer geschlossenen Kapelle stand, kam mir der Film „Knocking on heaven‘s door“ in den Sinn. Seitdem klopfe ich an jeder geschlossenen Kirche und Kapelle dreimal an – doch ohne Wehmut. Ich habe mich in der Kathedrale in Santiago heute prima zurechtgefunden. Ich habe auf dem Caminho Português gemerkt, dass ich meinen Glauben von Gebäuden trennen kann und dass es nur an mir liegt, in welcher Kirche ich Ruhe, Frieden finde. In den letzten Tagen bin ich nicht dazu gekommen, im Buch „Peace“ weiterzulesen. Das, was ich gelesen hatte, ist jedoch schon in meinen normalen Rhythmus eingegangen. Ich halte Ausschau nach einer Blume, finde eine, lächle mit. Das Lächeln verändert mein Empfinden, macht mich glücklich. Ich muss nicht mehr jede Blume fotografieren, nicht jede Blume „Michelle“ nennen, ich sehe eine Blume und ein Lächeln der Schöpfung Gottes sendet mir Energie. Wobei ich nahtlos beim Thema „Reiki“ angekommen bin. Mike ist Reiki-Master wie Nina aus Finnland. Doch ich habe sie ganz anders erlebt als Nina. Als ich Sebastian etwas von meinem Gespräch mit Simone über den radikalen Konstruktivismus erzähle, weiß er etwas damit anzufangen, setzt noch eins drauf: Er spricht von Menschen, die der Überzeugung sind,

nur sie existieren und der Rest ist Einbildung – Utopie ... Ich habe ihn nicht ganz verstanden, es war wohl schon zu dunkel. Nur die folgende Episode aus dem Leben seines Freundes habe ich in Erinnerung: „Was ist Solipsismus?", so der Lehrer. Die knappe Antwort in der Klausur seines Freundes, die die volle Punktzahl ergeben hat, war: „Da es Sie nicht gibt, beantworte ich die Frage nicht."

Es ist vielleicht an dieser Stelle zu bemerken, was mir der Camino bedeutet, bis jetzt gegeben hat und noch geben wird: Augenblicke der Überraschungen, Augenblicke der Freude, Augenblicke des Glücks. Der Weg zurück – so hoffe ich – wird mir zeigen, wie ich den Camino im Alltag genießen kann.

Montag, den 18. Januar: Arca do Pino --> Mélide

Alles war heute Nacht schön ruhig, selbst ich. Kurz bevor der Wecker um 7:30 Uhr Laut gibt, stehe ich auf, durchsuche die Küche nach Topf und Tasse und werde fündig. Während das Kaffeewasser kocht, packe ich. Um 8:30 Uhr wird es hell und ich bin auf dem Weg, finde die blauen Pfeile, an manchen Kreuzungen erst, nachdem ich ein paar Wege ausprobiert habe. Dann bin ich in Gedanken, der Augenblick – mein Augenblick – an der Jakobsstatue in der Kathedrale in Santiago hat mir Kraft gegeben. Auch wenn ich sonst nichts von Heiligenbildern halte, das, welches mir der Priester dort gegeben hat – er hat mich extra zurückgeholt – das werde ich behalten. Es kommt so, wie es kommen muss: Wenn ich denke, verpasse ich den Weg. Ich frage mich durch, bekomme eine Richtung und werde über die N 547 in den nächsten Ort geschickt. Eine nette Polizistin an der ersten Ecke der Innenstadt von Arzúa/Centro zeigt mir den Weg zur Herberge. Ich will hier nicht bleiben – nur einen Stempel ergattern und ein paar Erinnerungen auffrischen: Hier habe ich Linde und Uli kennengelernt, habe mit Kirstin, weil wir zu spät kamen, beinahe vor verschlossener Herberge gestanden. Im selben Obstladen wie „neulich" versorge ich mich für den Nachmittag. Nach einem Kaffee geht's dann weiter, noch 14 Kilometer, es ist erst 14:05

Uhr. Mélide ist mein Tagesziel. Hatte ich auf dem Hinweg nach Santiago im letzten Sommer viel Zeit, so möchte ich jetzt so weit wie möglich nach Hause laufen, in Ruhe nach Hause kommen, möchte diesmal sanft zu Hause ankommen und nicht wieder unsanft „aufschlagen". Irgendwann merke ich mal wieder, dass ich lange keine Pfeile mehr gesehen habe – macht nichts – aufgrund des Sonnenstandes ist die Richtung klar. Kein Mensch zum Fragen weit und breit – bald bin ich wieder auf der N 547, das ist wohl heute mein Schicksal. Eine Bar taucht auf, bis Mélide sind es noch fünf Kilometer, die spule ich auch noch auf der Straße ab. Der Regen stört mich nicht, mein Obst habe ich verputzt, die Blumen am Wegesrand denke ich mir und so kann ich lächeln. Heute sind mir nur fünf Pilger entgegengekommen, na ja, ich bin ja oft nicht auf dem ausgewiesenen Weg gegangen. Mit einer Pilgerin habe ich sogar ein paar Worte gewechselt, ihr so in etwa den Standort bestimmt – so gut ich es halt selber wusste. Sie hatte Plastiktüten um die Schuhe gewickelt und saß ziemlich fertig am Wegesrand. „Willst Du ein Stück Schokolade?", waren ihre Begrüßungsworte. Seit Mike es in Teo mit meinen Schuhen gut gemeint hat und sie zum Trocknen kopfüber auf den Fußboden mit der luxuriösen Fußbodenheizung gestellt hat, machen sie mir Probleme. Die paar Kilometer, die ich noch vor mir habe, wird es aber gut gehen, vielleicht ist auf dem Rückweg Premiere für ein Blasenpflaster. Ich hole meine A4-Wegbeschreibung hervor und bin geneigt, mein Ziel für den Weg zurück auf Sarria zu reduzieren, dann hätte ich heute die Hälfte geschafft. Doch jeder Ortsname, den ich lese, weckt den Wunsch, noch einmal dort vorbeizukommen, so wie heute in Arzúa: Es war anders als im letzten Sommer, doch es war einfach nur schön.

Ich bin sicher, dieser ist nicht mein letzter Camino, und irgendwann habe ich vielleicht den Mut, den Camino „richtig" ab Haustür zu gehen, mit Abendmahl in Santiago, Schwimmen in Fisterra und dann zurück. Doch auch diese 14 Tage bisher waren einfach wunderbar. Mein Ziel ist ja so einfach: „Glücklich sein", und für mich ist es so einfach, es zu erlaufen.

Als ich aus der Bar hinauskomme, laufe ich direkt auf einen Wegweiser zum Camino zu . So einfach ist es, den Weg zu finden. Es geht schön durch einen Wald, und schön ist auch, dass ab und an blaue Pfeile zu sehen sind. Nur die gelben in Gegenrichtung sind nicht zu sehen: Ich bin wieder mal auf Umwegen. Bald ist der Wald zu Ende, ein paar Häuser tauchen auf, quer über den Zaun spreche ich eine Frau an, frage nach dem Weg – das kann ich mittlerweile auf Spanisch perfekt – und ich verstehe sogar, dass es jetzt bis Mélide drei Kilometer sind. Also war mein Umweg nur zwei bis drei Kilometer lang, das ist doch human. In Mélide stoße ich wieder auf den Camino, frage mich zur Herberge durch und verstehe vom Wortschwall einer Spanierin so viel, dass diese geschlossen ist und es eine Notherberge gibt. Die Richtungsangaben sind mir zu unbestimmt, mein heutiger Bedarf an Umwegen ist gedeckt. Nur noch zwei Passanten spreche ich an und schon stehe ich vor der Herberge. „Strohhut" hat mich auf meinem ersten Camino hier angesprochen. Die Bank ist noch da, doch im Haus Gerüste, Licht, Arbeiter. Ich suche die Umgebung ab nach Wegweisern zur Notherberge. Ein netter Spanier hält mit dem Auto und erklärt mir den Weg. Die Himmelsrichtungen in seiner Wegbeschreibung passen nicht zu seinen Handbewegungen. Ich erinnere mich, im Sommer eine Touristeninformation in der Stadt gesehen zu haben, und mache mich auf den Weg, klopfe im Vorbeigehen wie üblich an einer Kirche an. Eine ältere Dame schickt mich zu einer anderen Kirche, dort bekomme ich meinen Stempel, aber keine Auskunft. Die Dame ist glücklich, mir geholfen zu haben, und das hat sie im wahrsten Sinne des Wortes: Ich habe mich getraut, an den im Gebet versammelten Gläubigen und auch vorbei am Altar in einen Raum zu gehen, in dem ich Stimmen hörte. Ich bedanke mich nicht nur bei den beiden Herren dort, sondern vor allem bei der netten Dame. Im Tourismusbüro bekomme ich dann einen Stadtplan und mache mich auf den Weg, frage noch einmal auf dem zentralen Platz nach, ob ich auch die richtige Straße gewählt habe – keine Lust auf weitere Umwege – ja, es stimmt. Ich zähle die Querstraßen, zücke meine Brille unter einer Laterne, finde das Gebäude, laufe herum und finde auch den Eingang. In einer riesigen Halle ist eine Containerherberge aufgebaut. Die Rezeption ist nicht besetzt, in einem Zimmer ist Licht, ein Pilger ist da. Ich spreche ihn auf Englisch an, wähle mein Bett, dusche etc. Die Rezeption ist immer noch nicht besetzt, das lässt mich völlig kalt. Ich mache mich auf in die Stadt zum Abendessen, denn es gibt zwar eine Küche und einen Aufenthaltsraum, aber es sind halt Container. Ich verabschiede mich von dem anderen Pilger auf Deutsch, denn ich habe mitbekommen, dass er in dieser Sprache telefoniert hat. Es ist seine

erste Pilgerfahrt und er ist ab León unterwegs. Auf meine Frage, ob er bei der Bundeswehr ist, antwortet er mir, ein Freund habe ein Secondhand-Geschäft für Armeekleidung. Er zitiert seinen Vater: „Beim Bund schleppen die sich zu Tode, die brauchen keinen Feind mehr.“ – „Das Zeug war billig, ist aber furchtbar schwer“, fügt er hinzu.

Die Restaurantwahl ist so schwierig wie im Sommer: Pulpo ist die Spezialität hier, aber das ist so ganz und gar nicht mein Ding. Ansonsten überall die vorgedruckten Schilder der Nullachtfünfzehn-Gerichte. Noch ein paar Kilometer weit werden mich diese kulinarischen Grausamkeiten begleiten. Das Restaurant, das ich auswähle, erweist sich als Stammkneipe. Zuerst setze ich mich, fühle mich aber unwohl. Stehe also auf und gehe. Der Wirt kommt hinterhergeschossen, doch ich will nur raus, dann lieber einen Hamburger als den Zigarettenqualm hier.

Im Büchlein meiner Schwester bin ich auf der letzten Seite angekommen. Morgen werde ich also noch für die letzten Tage ein neues Büchlein finden dürfen – und nach Hause tragen.

Als ich meine Fersen betrachte, zögere ich, zur Freude Michelles ein Foto davon zu machen. Es ist alles erträglich, doch ein baldiges Umsteigen auf den Bus als Heimkehrmethode rückt näher. Nur bis Sarria zu gehen, wird wahrscheinlich – mal sehen – ich lasse mich von mir überraschen.

Zurück in der Herberge: Die Rezeption ist immer noch nicht besetzt. Küche und Aufenthaltsraum sind zwar nicht gerade warm und gemütlich, aber vom Feinsten – von wegen Notunterkunft. Alles neuer Luxus der Extraklasse, nur halt als Containeredition, und kein Topf, kein Teller, keine Tasse in der Küche – so kann die Küche auch weiterhin gut aussehen. Ich unterhalte mich noch mit Thomas, bekomme ein Stück Lebensgeschichte, die Hospitalera kommt und es geht früh zu Bett.

Dienstag, den 19. Januar: Mélide --> Ventas de Narón

Kurz vor 7:00 Uhr fällt Thomas sein Bundeswehrkochtopf herunter und der ganze Saal ist wach – wir beide. In diesem Teil koche ich dann das Kaffeewasser für uns beide. Gemeinsames Frühstück, meine Tüten werden bis auf Brot und Wurst leer. Wir verabschieden uns herzlich. Ich mache mich auf in den Ort, finde den Laden, in dem ich im Sommer Postkarten gekauft und „Strohhut“ kennengelernt habe, aber ein Büchlein haben sie nicht. Dafür bekomme ich einen Tipp, wo es so etwas gibt, und eine Wegbeschreibung

dorthin. Es klappt auf Anhieb, ich finde den Laden und kann mir aus sechs Büchlein aller Größen und Farben das schönste aussuchen – es sieht auch nach dem schwersten aus. Dafür habe ich viel Platz für meine Notizen. Aus dem Ort finde ich gut hinaus, dann ist der vorgeschriebene Weg weg, er findet mich später wieder. Ich kenne das Etappenziel, ich kenne die Richtung, kann an der Sonne ablesen, ob ich in Richtung Ziel unterwegs bin oder wieder mal einen Abstecher mache. Eine Kirche taucht auf, hier auf den Bänken habe ich im Sommer Picknick gemacht, habe andere Pilger fotografiert. Heute ist es der richtige Platz, um die Regenhose auszuziehen. Ein Stück weiter eine Bar, ein Mann lädt sein Auto aus, ansonsten scheint sie geschlossen zu sein. Ich frage trotzdem und bekomme meinen Kaffee und meinen Orangensaft. Heute habe ich mir das Stichwort „Erinnerungen“ vorgenommen. Ein Satz von J. Krishnamurti will mir nicht einfallen und so formuliere ich für mich, was ich behalten habe: Wenn die Erinnerung verarbeitet ist, hebt sie sich selber auf.

Ich beglückwünsche mich zu meiner Entscheidung, ein Stück Camino retour zu gehen, die schönen Erlebnisse nicht mehr nur als Anekdoten, sondern als Gefühl zu speichern, ein Gefühl, das mir eine positive Lebenseinstellung leichter macht, ein Gefühl, das mir täglich neue Kraft gibt.

Heute habe ich den zweiten kompletten Regenbogen auf diesem Camino gesehen. Für das Foto war ich zu dicht dran, darauf ist er nun gestückelt zu sehen. Doch vielleicht wird mein PC es zu Hause richten und die Bilder zusammensetzen. Ein Bauer ruft nach mir, schickt mich auf den richtigen Weg, erklärt mir noch die nächsten paar Abzweigungen und ich bin erstaunt, wie gut mein passives Spanisch geworden ist. Ab und zu kommt mir ein Pilger entgegen, also bin ich richtig. Kurz nach einer Weggabelung frage ich lieber wieder und hätte sonst mit Sicherheit wieder den falschen Weg genommen.

Das Stück zurück macht mir nichts aus. Es fängt an, aus Kübeln zu schütten, eine Kirche taucht auf – dreimal klopfen. Dann eine private Herberge, auch geschlossen, aber um die Ecke ein überdachter Sitzplatz. Ich lausche dem Regen und freue mich, hier sein zu dürfen. Regensachen anziehen – werde ich je die Minuten im Torbogen von Pamplona vergessen, wenn ich zu meiner Regenhose greife? Na ja, „Erinnerungen" sind ja mein Tagesthema.

Mal findet sich der ausgeschilderte Camino, mal gehe ich einfach meinen Camino nach Palas de Rei. Gegen 14:00 Uhr bin ich da, kaufe vier Orangen, hole mir den Stempel in der Herberge und beschließe weiterzugehen. Die nächste Herberge ist neun Kilometer entfernt und ich möchte den spanischen Friseur nicht in Versuchung bringen, sein Verbrechen vom Sommer an mir und meinen Haaren zu wiederholen. Ich präge mir Areixe und Ligonde als nächste Zwischenziele ein. An diese Orte habe ich keine Erinnerung – oder kann ich sie nur noch nicht zuordnen? Die Bar für diese Mittagspause ist gemütlich, ich bin versucht, ein Menü für acht Euro zu bestellen, denke aber noch rechtzeitig daran, dass ich mit vollem Magen schlecht laufen kann und bleibe bei Kaffee und Orangensaft. Heute Morgen mir und meinen Füßen meine beiden ersten Blasenpflaster zu gönnen, war eine prima Investition. Auf dem letzten Camino habe ich sie ja nur für andere Pilger herumgetragen und mein Vorrat ist jetzt mit der baugleichen Schachtel von Katharina zusammengeführt worden, die 2008 schon La Gomera gesehen hat. Erinnerungen – schöne – selbst beim Blasenpflaster.

Kommt auch noch die Zeit für mich, wo ich auch ohne Erinnerungen einfach nur so im Hier und Jetzt glücklich sein kann? Doch es ist für mich vollkommen in Ordnung, dass mich die Augenblicke hier und jetzt über den Umweg der schönen Erinnerungen froh machen. Hat mein Glücklichsein etwas damit zu tun, dass ich mich mittlerweile traue, eine Bar zu betreten und direkt wieder zu verlassen, wenn ich mich nicht wohl fühle? Ist das Egoismus oder Auf-mich-Achten? Ich muss Sebastian noch einmal fragen, wie das ist mit der Theorie „Nur ich existiere – der Rest ist Einbildung".

Ein Jeep hält mitten auf dem Weg direkt vor mir, drei Männer springen heraus, einer greift sich eine Hacke. Während er eine Furche in den Weg zieht, begutachten die anderen beiden sein Werk mit den Händen in den Taschen – Teamwork – und ich taste mich an dem Jeep vorbei, der den Weg ausfüllt. Das Heilige Jahr ist angebrochen, der Weg wird bereitet. Den ganzen Nachmittag über ist der Weg gut zu finden, nachdem ich mich erst einmal aus Palas de Rei hinausgefragt habe. Es geht meist auf einem Schotterstreifen an einer kleinen Landstraße entlang. Ich begegne einigen Pilgern, oft nur ein „Buen Camino!", manchmal ein paar Worte, mit einer Flämin eine kurze Unterhaltung, bevor sie ihrem Mitpilger nacheilt – aber immer ein Lächeln. Ich komme bei einer Herberge an, es ist noch keine fünf, also eine kurze Pause und dann weiter zur nächsten Herberge – noch fünf Kilometer. Ein wunderbarer Abendspaziergang, der Weg einfach zu finden, die Sonne geht rechter Hand unter, die Wolken wie gemalt am Himmel. Ein Hecheln von hinten – ein Hund läuft an mir vorbei, biegt in den nächsten Feldweg ein, wartet da auf mich. Schon einige Hunde haben mich auf dem Camino nicht mehr angebellt. War das schon immer so und habe ich es nur nicht bemerkt? Egal – ich freue mich über jeden Hund, der mich nicht anbellt. Ich komme an einer Kirche vorbei, klopfe dreimal an. Dann frage ich zur Sicherheit noch einmal nach meinem Zielort Ventas de Narón und bekomme die Auskunft: noch einen Kilometer. Die Viertelstunde ist um, ich bin durch den Ort durch, sehe aber keine Herberge. Also stoppe ich das nächste Auto, frage und bekomme den Weg erklärt – in meiner Richtung ist halt alles nicht so recht ausgeschildert. Dafür kann ich mich über viele Muschelkacheln freuen, die in meine Richtung weisen. Im Sommer habe ich diese belächelt. Der ein oder andere hat beim Anbringen der Fliesen auch an die Pilger auf dem Weg zurück gedacht. Die Strahlen der Muschel darauf symbolisieren die Wege, die in Santiago zusammenlaufen.

Meine Gedanken schweifen in die nahe Zukunft: Im Sommer heiraten zwei meiner Jungs, und schon seit ich das erfahren habe, gehen mir ab und zu Gedanken zur fälligen Hochzeitsrede durch den Kopf. Müsste ich sie jetzt halten, hätte ich die passenden Worte parat – denn im Augenblick passt einfach alles.

Für 4,40 Euro habe ich meine Wäsche der Waschmaschine anvertraut, denn für eine Handwäsche bin ich heute zu faul. Mal sehen, ob dieses Abenteuer auch klappt. In der Herberge sind bisher außer mir noch zwei Spanier, im nahe gelegenen Restaurant bin ich alleine. Ich suche mir für morgen die nächste Herberge heraus, schreibe mir die Orte und Entfernungen auf die Rückseite des Bono Albergue und bin so bestens gerüstet. Wenn ich bei meinem jetzigen Tempo bleibe, bin ich in sechs Tagen in Astorga. Mal hören, wie die Meinung zu Hause dazu ist. Ein Abschiedsessen von meiner Pilgerfahrt im Restaurant des Hotels „Gaudi" in Astorga – das finde ich passend. Heute ist ein Tag, an dem ich mich traue zu planen, oder soll ich sagen, meine Träume in Worte zu fassen, sie mir selbst zu gestehen, sie zuzulassen? Der Traum des Tages ist: Haustür zu, zur Messe nach Santiago, Haustür wieder auf – und das alles in dem Tempo, das Gott mir mitgegeben hat. Wenn ich umzöge in die Gegend, aus der Andrea kommt, dann wäre das ein Trip von sieben Tagen. Und schon habe ich einen Gedankensprung zum Thema Sprachen. Andrea hat sich letztens so gefreut, dass jeden Tag ein bisschen mehr Spanisch aus mir herauskam. Hat sich der gordische Knoten meines Sprachzentrums – die in der Kindheit gelegte Angst vor Sprachen – von selbst gelöst? Wie der Knoten entstanden ist – müßig nachzugrübeln. Muss ich deshalb nach Astorga wollen? Ich habe dort im Sommer die Schwester meines Wörterbuches unbenutzt nach 545 Kilometern zurückgelassen. So viele Pilger konnten Englisch oder Deutsch und dazu auch noch Spanisch, sodass ich mich bequem zurücklehnen konnte. Zurücklehnen ist ab und an okay, geht jedoch auf den Rücken, wie mir Thomas heute beim Frühstück eindrücklich geschildert hat: Sein Bundeswehrrucksack hat keinen Bauchgurt und so läuft er gezwungenermaßen permanent angestrengt „zurückgelehnt".

Als ich um Viertel vor neun in die Herberge zurückkomme, ist meine Waschmaschine durch, das Abenteuer des Trockners spare ich mir. Die beiden Spanier liegen im Dunkeln im Zimmer. Sie sind per Rad von León aus unterwegs und wollen Freitag in Santiago ankommen. Die 81 Kilometer bin ich zu Fuß in zweieinhalb Tagen gegangen, sie haben die per Rad vor sich – sie haben Urlaub, ist ihr Kommentar, eine gute Einstellung. Da wir nur zu dritt im Raum sind, kann ich meine Wäsche zum Trocknen an x Bettgestelle hängen. Die perfekt aussehende Küche hat nur einen Nachteil, alle Schränke, alle Spitzenklasse 1A, sind bis auf zwei Schrauben leer. Aus meinem Kaffee morgen früh wird nichts mangels Topf und Tasse – ist doch noch eine Ergänzung der Packliste fällig?

Mittwoch, den 20. Januar: Ventas de Narón --> Sarria

Die Herberge liegt direkt an einer Durchgangsstraße außerhalb der Ortschaft, sodass Autos und Lkws schnell und laut vorbeiziehen. Der Schlaf ist daher nicht ruhig zu nennen. Kurz vor acht sitze ich beim Frühstück – na, was man so Frühstück ohne einen Kaffee nennt. Bis Gonzar sind es nur vier Kilometer. Ich hoffe da nicht nur auf eine Herberge, sondern vor allem auch auf eine Bar. Gestern habe ich wieder zwei Seiten „Peace" gelesen, heute beim Frühstück stelle ich fest, dass ich Peace beim Laufen gestern hatte, beim Essen abends und auch heute Morgen – noch – nicht. Dieses zu bemerken, ist wohl der erste Schritt zu ihm hin.

Die Spanier sind pünktlich drei Minuten nach acht aus der Tür, ich habe vor, noch eine halbe Stunde zu trödeln, bis es hell wird. Gleich morgens den Weg ertasten, mag ich nicht und es ist ja bis 18:30 Uhr hell. Und so lese ich noch ein paar Seiten „Peace" und finde ihn – finde Ruhe.

Einfach wunderbar ist der Sonnenaufgang, auf den ich zulaufe und den ich so in vollen Zügen genießen kann. Dann kommt der Ort, Herberge zu, alle Bars geschlossen, Kirche zu – ich klopfe dreimal an, dann gehe ich weiter. Die Sonne bedankt sich für jeden Schritt, den ich auf sie zugehe. Ich sehe meinen Atem, atme bewusst tief aus im Rhythmus meiner Schritte, freue mich, heute Morgen die Entscheidung für die Mütze getroffen zu haben, überlege kurz, ob ein Stopp lohnt, um nach den Handschuhen zu fahnden. Nein – und auch diese Entscheidung ist gut, gleich halte ich sowieso an, weil der Rucksack seinen Regenüberzug vertragen kann und ich den Schirm nun besser geöffnet in der Hand als geschlossen auf dem Rücken tragen sollte.

Ich komme in Portomarín um 11:30 Uhr an, überlege kurz, ob ich den Abstecher hoch in die Stadt sparen soll, denn der Weg geht unten weiter und ich erinnere mich noch, wie es im Sommer die vielen Stufe hoch in meinen Beinen gezogen hat. Doch bis Sarria sind es nur noch zwanzig Kilometer, und ob ich wirklich nach Calvor, also noch sechs Kilometer weiter will, weiß ich noch nicht. Eine kleine Stadt zur Abwechslung könnte heute mal nett sein, da ja meine Sachen gestern so prima gewaschen worden sind. Portomarín hat ein Outdoorgeschäft, die Dame versteht kein Englisch, also bekomme ich keinen Kaffeepott. In einer Bar befrage ich mein Wörterbuch, werde zum zweiten Mal in dem Laden vorstellig. Es klappt, wenn auch nur indirekt, ich werde zu einem anderen Laden geschickt. Beim Bürgermeisteramt hole ich mir meinen Stempel, denn klar: Die Kirche ist geschlossen. Eine Frau kommt mir durch den halben Ort nachgelaufen, ich habe meine Mütze vergessen. Im Supermarkt fülle ich den Obstvorrat auf, dann der Abstieg und weiter über die ewig lange Brücke. Nach einem Abstieg folgt meist ein Aufstieg. Es hört auf zu nieseln, ich mache auf einem großen Stein Pause und genieße meine Mandarinen. Bis zum nächsten Mülleimer für die Schalen sind es ja nur maximal zehn Kilometer. Jetzt kommt der Weg, auf den Jeanin im Sommer geschrieben hat: „Gruß an Hermann". Ich bin sicher, das steht noch immer da, denn jedes Blatt auf dem Weg grüßt mich seit vielen Tagen. Es ist 15:00 Uhr, ich bin irgendwo zwischen Ferreiros und Sarria, vielleicht gehört die Bar, in der ich Pause mache vom anstrengenden Dreimal-an-die-Kirche-Klopfen, zum Ort Barbadelo? Der Augenblick Jetzt gehört erst einmal der Pause. Ein mir entgegenkommender spanischer Peregrino hat mich mit einem Schwall von Worten überflutet, von dem ich nur „Agua" verstanden habe. Also biete ich ihm etwas von meinem Wasser an. Ach, er meinte das Wasser auf dem Weg, lästig ja, aber harmlos gegenüber den Wegen auf dem Caminho Português vor ein paar Tagen. Der Camino Francés ist auch im Januar für einen Spaziergang ausgelegt. Das passt mir gut ins Programm, vor allem die Dichte der Herbergen und Orte, die sorgfältige Planung überflüssig machen – grobe Planung reicht. Mir schafft das Freiheit. Es gibt mir Muße, Vokabeln im Wörterbuch nachzuschlagen: „vuelta" – „Rückkehr" – nehme ich in meinen Wortschatz auf, das erleichtert die Frage nach dem Weg, denn schon wieder wollte mich jemand zurück nach Santiago schicken.

Auf den letzten Kilometern habe ich mich gefragt, ob es am grauen Wetter liegt, dass die Orte hier so traurig aussehen, oder ob es im Sommer die Freude der vielen Pilger war, die die Fassaden hat erstrahlen lassen. Wohl beides.

Heute sind mir zwei kleine Kuhherden entgegengekommen, beide getrieben von eher älteren Bauern. Bei der einen Frau ist mir das freundliche Lächeln beim „Hola“ besonders aufgefallen. Die minimale Anzahl der Zähne hat die Freude im Gesicht in keiner Weise getrübt. Schön – glücklich: Das Schönheitsideal ändert sich laufend – glücklich kann man immer sein. Und ich bin es heute Nachmittag in vollen Zügen.

Der Weg ist zwar immer wieder mal matschig oder überschwemmt, aber dafür ist es von oben trocken, sodass ich nur in der Fleecejacke laufen kann. Beim Meilenstein „100 km“ ist kein anderer Pilger weit und breit, der ein Foto mit mir machen könnte. So probiere ich, meinen Schatten und den Stein zusammen auf das Foto zu bannen. An ein paar Ecken frage ich zur Sicherheit nach, auch nach der Entfernung. Es taucht eine Bar auf – 17:00 Uhr, noch vier Kilometer. Also alles bestens, ich werde noch fast im Hellen ankommen. In Sarria war ich im Sommer nicht, sondern bin über Samos gegangen. Es ist gut, dass ich den Camino Francés rückwärts und im Januar gehe. So ist es schon durch die andere Jahreszeit klar, dass alles anders ist. Zeit für den Aufbau von Erwartungshaltungen hatte ich nicht, denn die Idee ist ja erst vom letzten Freitag – sind das nicht oft die besten Ideen, einfach dem Gefühl zu folgen?

Auf jeden Fall merke ich, dass ich jetzt nach 300 Kilometern in den entspannten Rhythmus falle, der das Laufen zur Nebensache macht, das Denken nur ab und an eine Sekunde zulässt, und ansonsten gibt es einfach nur den Baum rechts, die Blume links, den Vogel, die Wolken, ... – ein Rhythmus, in dem mir die wunderbare Welt guttut. Und er ist wieder da, der Moment, etwas Schönes zu sehen, ich freue mich – das gäbe ein Foto. Nein! – Das Schöne, der Augenblick bleibt nur für mich hier und jetzt. Egoistisch? Nein, ich achte nur auf mich, ich tanke Kraft aus den Kraftlinien, die ich heute förmlich unter mir spüre. Da sind sie wieder und ich habe eine schöne Erinnerung an ein Gespräch mit Jürgen, der mehr über die Kraftlinien erfahren wollte. Nun, jetzt hoffe ich erst einmal, dass die Kraftlinien mich die letzte Stunde, die letzten vier Kilometer des Tages nach Sarria leiten. Den Frieden für jeden Schritt habe ich, nicht nur im Buch im Rucksack, ich habe ihn in den Schuhen, den Füßen, dem Herzen. Also auf!

Ich komme an einer nagelneuen Herberge vorbei. Die Sauberkeit und, dass erst ein Pilger da ist, reizen, aber ich ringe mich doch durch, noch bis Sarria zu gehen. Die Dunkelheit rückt näher, es hat etwas, sich durch den Wald zu tasten und per Ohr zu merken, dass der Boden matschig wird. Ich frage, sehe Licht, alles passt: Ich bin angekommen. Eine rote Ampel – eine Kapelle gegenüber. Ich habe Zeit. Ich zücke den Fotoapparat: Im Augenblick, als ich abdrücke, springt die Ampel auf Grün. Also klopfe ich nicht mein „Remo-Klopfen" (so habe ich mein dreimaliges Klopfen zum Andenken an den italienischen Priester getauft), sondern öffne die Tür. Die Messe ist bei den letzten Worten, beim letzten Gebet. Der Priester schaut nur kurz auf, ich habe nicht das Gefühl zu stören. Die paar Minuten haben mir gutgetan, ich habe den richtigen Augenblick getroffen. Zurück auf der Straße frage ich mich weiter durch, werde von einem netten Spanier, der seinen Hund spazieren führt, zur Herberge gebracht.

Die Rezeption der Herberge ist nicht besetzt, ich suche mir ein Bett, bin von der Fülle erschlagen: Nur jedes zweite Bett ist belegt – im Sommer wäre das ein Traum an Platz gewesen, jetzt ist es für mich ungewöhnlich eng. Beim Telefonat mit Katharina bringe ich wohl überzeugend rüber, dass es mir auf dieser Heimpilgerfahrt nur gut geht, und ich bekomme ohne jede Rückfrage meinen Wunsch, wenigsten bis Astorga weiterzulaufen, an die Frau.

Als ich heute Morgen dem Sonnenaufgang entgegengegangen bin, tat es mir gut zu fühlen, dass ich nach Hause gehe. Kann es sein, dass ich diesen Camino gehe, um meinem Zuhause näherzukommen, so, wie ich auf dem letzten Camino mir selber nähergekommen bin? Gut, dass ich nur ein Ziel habe: Sonne tanken, Energie, Kraft sammeln. So kann ich frei sein für all das Gute, das mir auf dem Camino widerfährt.

Heute war auch wieder – zwischendurch – das Thema „Angst" dran. Speziell die Angst vor großen Hunden, nicht angeleint, mit oder ohne Frauchen/Herrchen in Sichtweite. Ich hob die Hände hoch, redete beruhigend auf den Hund ein – in Wirklichkeit aber auf mich –, ging einfach weiter. Doch Angst hatte ich – kann mir hier auch das Buch „Peace" helfen oder ist es in Ordnung, in solchen Situationen Angst zu haben? Sebastian hat mir auch von einer solchen Situation berichtet. Bei ihm war es eine ganze Meute Hunde, aber ihn trennte glücklicherweise ein Bach von ihr. Michael hat erzählt, dass er oft mit seinem Hund spricht, wohl weil er sonst niemanden zum Sprechen hat. Er lebt am Rande der Gesellschaft, hat nicht so oft Gesprächspartner. Er hat dieses Leben gewählt oder ist reingeschlittert – wie auch immer.

Ich bin erst seit 1.300 Kilometern Pilger, immer abgefedert durch die goldene Kreditkarte und zwischendurch, besser: immer durch ein gesichertes Zuhause. Das Vagabundenleben ist zwar frei, aber mit solch einer Unsicherheit zu leben – nein, ich beneide Michael nicht.

Gerade als ich diesen Gedanken niederschreibe, geschieht das, was Dietmar vor meiner ersten Pilgerfahrt so nett in Worte gefasst hat: Ein Notebook kommt auf den Tisch, die wohlbekannten Töne von Bill Gates klingen durch den Raum, hier und jetzt in der Albergue in Sarria genauso wie weltweit: Peace by every click?

Es ist Punkt 22:00 Uhr und noch kein Hospitalero aufgetaucht. Schlafen also ohne den galicischen Matratzenüberzug – ich fühle mich wie in Portugal. Der Beleg vom Supermarkt erliegt dem Emmanuelle-Schicksal, landet also im Abfall, der vom Abendessen wird mein Wegweiser für morgen werden und noch die Ehre haben, einen Tag durch Spanien getragen zu werden.

Morgen muss ich trödeln oder mich beeilen: Die Herberge in Hospital da Condesa ist geschlossen. Bis O Cebreiro sind es 41 Kilometer, ich könnte Frieden mit diesem Ort schließen oder 22 Kilometer früher den Tag beenden. Jetzt ist jetzt und nicht morgen. Auf private Herbergen hoffe ich nicht, die haben zu. Hostals/Hotels – ob ich darauf Lust habe auf dieser Etappe? Der Camino wird – mal wieder – zum Abenteuer.

Donnerstag, den 21. Januar: Sarria --> Triacastela

Es ist noch stockdunkel, als einige Spanier anfangen, sich in voller Lautstärke zu unterhalten. Ein Blick auf die Uhr besänftigt mich: schon 8:00 Uhr. Jemand hat gestern Abend noch Fenster und Fensterläden geschlossen, daher die schlechte Luft, daher die Finsternis. Das Schnarchkonzert war auch vom Feinsten, der Italiener neben mir hatte mich ja gewarnt. Also gehe ich duschen, frühstücken und überdenke meinen Tagesplan: 41 Kilometer sind Hetze, denn es ist nicht zehneinhalb Stunden lang hell, und Pausen möchte ich auch noch machen. Also wird der Tag bis Triacastela (nur 19 Kilometer) ruhig werden, meine üblichen Umwege nicht eingeschlossen. Ein Hospitalero ist auch noch nicht aufgetaucht, also werde ich mal in der Kirche, beim Bürgermeisteramt oder der Polizei nach einem Stempel fragen.

Der Morgen ist trocken, jedoch trübe. Den Stempel habe ich in der Kirche bekommen, der Turm ist offen, das Kirchenschiff geschlossen. Die Kirche kommt mir bekannt vor, war ich im Sommer doch schon in Sarria?

An der Treppe, die ich heute nach unten gehe, merke ich es – ja! Was doch Jahreszeit und andere Richtung alles ausmachen, wie doch Erinnerungen verwischen. Durch die Stadt ist der Weg einfach, denn es sind im Bürgersteig Platten mit Muscheln eingelassen. Als ich am Ortsende unschlüssig bin, frage ich und kann mich zwischen Straße und Camino entscheiden. Ich wähle Camino. Der Sonnenaufgang erster Klasse fehlt mir heute noch. Die Frage, warum ich hier bin, ist eher rhetorisch: weil es mir guttut. Und so schlendere ich durch die spanische Landschaft, denke an Dinge, die nur mich etwas angehen, träume meine Träume, die ich noch gar nicht formulieren möchte, und schaue nach, welche Träume von gestern dabei sind, Wirklichkeit zu werden. Es fällt mir auf, dass ich lange keine Wegmarkierungen mehr gesehen habe, also gehe ich zum letzten Haus zurück, rufe hinein und werde auf den Weg geschickt, den ich nicht nehmen wollte. Bald weiß ich auch warum: Der Weg ist durchgängig aufgeweicht, schwere, nasse, klebrige Erde. Die Erde haftet sehr gut an den Schuhen und ich habe das Gefühl, bei jedem Schritt einen Zentner hochzuheben. Ein Blick in meine Spuren lässt Elefantenfüße vermuten. Es kommt ein Bach, der Weg wird wieder trockener und ich kann wählen: rechts, links, geradeaus den Berg hoch. Dieser Weg sieht am nettesten aus, Herz und Lunge sind in Ordnung und so stürme ich den Berg durch den Wald hoch – hier ist lange keiner mehr gegangen. Ich komme aus dem Wald auf eine kleine Straße und meine Nase stößt auf einen gelben Pfeil, nicht in meine Richtung, aber immerhin. Aus der Richtung des Pfeiles versuche ich zu schließen, wie ich weitergehen soll. Ich wähle den schönsten Weg. Nur in der Fleecejacke lasse ich mich von der Sonne und dem weiteren Berganstieg wärmen. Irgendwann fällt mir auf, dass alles um mich herum wunderschön ist und auch in mir, ich aber keine Ahnung habe, wo ich bin. Ohne Karte und Kompass, nur nach der Sonne bin ich eine Dreiviertel-

stunde gegangen. Jetzt stellt sich die Frage, weiter ins Abenteuer zu gehen, oder auf Nummer sicher den Weg zurück zur letzten gesichteten Markierung zu laufen. Ich wähle schweren Herzens den sicheren Rückweg, finde die Markierung, laufe los, stutze: an einem Baum eine Taxinummer von Sarria. In meine Richtung ist die wohl kaum an den Baum genagelt worden. Also noch mal zurück und beim dritten Anlauf habe ich den Weg. Den Abstecher in die Hügellandschaft möchte ich nicht missen. Ich komme in den Ort, frage nach Triacastela und erfahre: Ich bin da. Nun erkenne ich es auch. Die Herberge, die mit den Schwingtüren, liegt draußen am anderen Ende des Ortes. Der Pilgertag ist heute schon um 16:45 Uhr zu Ende. Doch bis zur nächsten Herberge sind es 16 Kilometer und sie soll auch noch geschlossen sein. Der Ort ist ganz anders, so mein Empfinden, als im Sommer. Nur wenige Bars und Restaurants sind geöffnet, dann auch noch alle voll mit Rauchern. Dafür gibt es drei Supermärkte. Ich decke mich für morgen ein. Im Dunklen, im Regen sieht der Ort noch trostloser aus, aber sieht dann nicht jeder Ort trostlos aus? Wieder die Frage: „Was mache ich hier?“, jetzt nicht rhetorisch: Ich besinne mich darauf, wie gut ich es habe – immer Speis und Trank, immer ein Bett, immer die Option auf ein behütetes Zuhause. Nicht alle Menschen auf der Welt haben das. Ich habe sogar Muße, auf dem Rasen der Herberge die Blumen zu sehen und mich von ihnen anlächeln zu lassen. Im Sommer war es richtig zu sagen: „Der Weg sind die Menschen.“ Und jetzt im Januar? Auf dem Caminho Português gab es wenige Begegnungen, doch ausschließlich schöne, nun auf dem Rückweg flüchtige – doch oft ein strahlendes Lächeln. Es sind die Menschen, doch noch mehr: Es sind die Kraftlinien, die pilgergerechte Infrastruktur und die den Pilgern so freundlich und zuvorkommend begegnenden Menschen, die hier leben. Das macht mein Gefühl aus, den Camino immer gehen zu wollen. Gehe ich nicht immer? Brauche ich das Besondere des Caminos, um meinen Weg zu gehen, um Frieden auf meinem Weg zu haben? Es ist entschieden leichter hier auf dem Camino! Jetzt, während ich den zweiten Camino und vor allem den Rückweg gehe, merke ich, was der Hinweg mir gegeben hat: oft im Hier und Jetzt zu sein.

In der Bar habe ich den Plan für morgen auf die Rückseite des Bono Albergue geschrieben und dann auch nachgerechnet: Nach Astorga sind es von Santiago aus 255 Kilometer, ich bin hier bei Kilometer 131, das macht als Differenz 124 Kilometer to go. Wenn die Herbergen, die Blasen, die Umwege, die Lust es mögen, dann sind das vier Tage. Ich lasse mich überraschen und freue mich auf das Abschiedsdinner im „Gaudi“ in Astorga.

Die beiden anderen Peregrinos habe ich beim Verlassen der Bar getroffen, als sie gerade hereinkamen. Sie ist aus Kanada. Zwar hat die Herberge keine Küche, aber eine gemütliche Ecke, in die ich mich setze und „Peace“ lese. Beim Thema „Telefon“ bin ich angekommen und ich merke, dass ich ganz ähnlich handele wie im Buch beschrieben. Seit einigen Tagen nerven mich Anrufe auf meinem Handy, die genau zweimal klingeln. Mittlerweile habe ich die Gelassenheit, beim Klingeln erst mal zu zählen, dann erst zu überlegen und zu tasten, ob das Teil an dem vorgesehenen Ort ist. Und wieder springen meine Gedanken. Ich merke, das Sprunghafte ist mir geblieben: Ich lese etwas – ein Stichwort lässt meine Gedanken direkt weiterschweifen.

Heute verfasse ich mal wieder eine SMS. Das ist eine schwierige Angelegenheit für mich, doch ich bin alleine und habe Bedarf, mich mit meinen Freunden zu Hause auszutauschen. Doch ich bin eigentlich nie alleine, denn ich habe Freunde, ich habe ein Zuhause und nicht zuletzt: Ich habe eine gesicherte Existenz. Wie will ich heute „Glücklichsein“ sonst noch besser umschreiben? Vielleicht sind es auch einfach nur das Lächeln der Dame in dem Restaurant gerade und als Ersatz für viele Worte mein hochgestreckter Daumen für den guten Nachtisch?

Auf dem Flur dann noch ein kurzes Gespräch mit den beiden Pilgern, mit denen ich diese Nacht das Haus teilen werde. So ganz im Nebensatz kommt von der Kanadierin, dass sie zum vierten Mal in dieser Herberge ist. Ich wusste es ja – ich bin ein Anfänger in Sachen Pilgern.

Freitag, den 22. Januar: Triacastela --> Vega de Valcarce

Eine seltsame Nacht: Träume und Angst – mehr weiß ich nicht mehr, jetzt, da ich gegen 8:00 Uhr in der gemütlichen Ecke beim Frühstück sitze. Doch mein Gesicht heute Morgen im Spiegel hat mir gefallen. Keine Küche in der Herberge bedeutet keinen Kaffee, nun, das kenne ich ja.

Der Weg geht immer leicht bergan. An einer Kreuzung habe ich für mich richtig entschieden, der vorgeschriebene Weg ist es jedoch nicht. Also laufe ich weiter und freue mich an den traumhaften Ausblicken. Wieder steht eine Entscheidung an, ich müsste zu weit rechts sein, also sollte ich den Weg nach links nehmen. Nach kurzer Zeit höre ich das Rauschen eines Autos, bald ist auch die Straße da, ein paar hundert Meter zurück sehe ich Schilder, ich orientiere mich. Also geht es jetzt ein paar Kilometer an der Straße entlang, das kenne ich, das ist nichts Schlimmes, denn die Straße ist kaum befahren.

Starker Wind von vorne, die Nase auf dem Weg, so spule ich die nächsten Kilometer ab. Nach drei Kilometern warnt ein Schild die Autofahrer vor Pilgern, also habe ich den vorgeschriebenen Weg wieder unter den Füßen. Von jedem entgegenkommenden Pilger ein Lächeln, mindestens ein „Buen Camino!", und von einem auch die Auskunft: „Bis O Cebreiro sind es noch acht Kilometer."

Genau um 12:00 Uhr bin ich auf der Bergkuppe des Alto do Poio auf 1335 Metern angelangt. Eine kleine Bar mit einem Kaminfeuer lockt zum Verweilen. Mein erster Kaffee heute schmeckt besonders gut. Um kurz nach 14:00 Uhr erreiche ich O Cebreiro, die Kirche ist offen, einen prima Stempel gibt es hier. Und ich kaufe eine Postkarte für Katharina. Eine Kerze zünde ich an und stelle sie in die Mitte vor den Altar. Erinnerungen – ja – schöne lasse ich zu. Im Sommer fand ich hier keine Ruhe, weil der Touristenrummel übermächtig war. Jetzt kann ich die schlichte Kirche genießen, habe mich mit dem Ort ausgesöhnt – Frieden geschlossen, denn heute finde ich Ruhe und Frieden hier. Liegt es nur an mir? Wahrscheinlich ja.

Ich lasse mir Zeit, es ist 15:00 Uhr, bevor ich wieder aufbreche, noch 13 Kilometer stehen an. Oder mache ich früher halt? Mal sehen, ich lasse mich überraschen. Irgendwie schaffe ich es, den Weg für Radfahrer zu erwischen, den kleinen Abstecher breche ich ab, die Richtung scheint nicht zu stimmen. Ein Auto hält an, ein Spanier redet auf mich ein, sagt mir, dass ich auf dem falschen Weg bin, aber ruhig weitergehen soll. Die Herberge in La Faba sei geschlossen, die Herberge, in die ich will, sei nicht gut, aber drei Kilometer vorher sei noch eine gute. Ich bin stolz auf mein passives Spanisch! Nach einer Weile viele Wegweiser, viel gelbe Schrift auf der Straße: Fahrräder, Fußgänger und der Pfeil für La Faba und O Cebreiro zeigt in eine Richtung. Doch aus O Cebreiro komme ich her und durch La Faba will ich durch? Also gehe ich erst mal die Straße weiter, eine gefühlte halbe Stunde immer schön bergab. Es kommt mir seltsam vor, ich scheine durch das falsche Tal abzusteigen. Also zurück: Herz und Kreislauf beweisen wieder, dass sie in Ordnung sind. Jetzt folge ich dem Weg nach La Faba, komme dort an, finde mich zurecht. An der Bar gehe ich besser vorbei – es könnte sonst etwas anderes als Kaffee oder Orangensaft werden. Der Supermarkt ist geschlossen, die Herberge, wie angekündigt, auch. Den Weg aus dem Ort hinaus finde ich, denn an dieser Ecke habe ich Ulla über die Schulter zugerufen: „Ich wasche ab!" – schöne Erinnerungen an den Camino Francés sind erlaubt.

Der Weg rückwärts ist anders, oft völlig unbekannt. Dann kommen eine Bank, ein Brunnen, eine Brücke, die die guten Gefühle wieder wecken. Ich erreiche wieder die Straße, wieder viel Schrift in Gelb auf der Straße für Radfahrer und Fußgänger. Ist das die Straße, auf der ich vorher umgekehrt bin, habe ich einen Riesenumweg gemacht? Egal – ich möchte keinen Schritt missen, denn ich gehe ja, um den Weg zu gehen, meinen Weg. Und der hat Umwege, Schleifen, Kringel.

Im nächsten Dorf ist niemand auf der Straße, also kehre ich in der Bar ein, belohne mich und frage nach der nächsten Herberge. Niemand spricht Englisch, Deutsch sowieso nicht. Ich filtere heraus, was mir der Autofahrer schon gesagt hat: In einem Kilometer eine gute Herberge und drei Kilometer weiter, da, wo ich hin will – die Handbewegung ist eindeutig abwertend. Ich finde die empfohlene Herberge. Zwei Spanierinnen kommen mit vielen Einzelteilen in die Herberge – das sieht nach Autopilgern aus. Ich mag den beiden Unrecht tun, doch meine Füße entscheiden: weiter. Es wird langsam dunkel, ich erreiche Vega de Valcarce, bin 166 Kilometer von Santiago bis hierher gelaufen. Ich frage mich zur Herberge durch, denn ich bin wieder mal zu faul, die Schilder zu interpretieren, kaufe im Supermarkt ein. In der Herberge kocht Anna, eine Brasilianerin. Sie weckt Stefan, ihren deutschen Mann, um meine Frage nach dem Hospitalero zu klären. Santiago, ein Spanier, ist auch noch da. Noch unter der Dusche werde ich von Stefan und Anna zum Abendessen eingeladen. Es ist genug für uns alle da. Gerade, als ich gehen und mich eine Weile zurückziehen will, kommt die Hospitalera. Sie kann meine fünfzig

San Xoán in Hospital da Condesa

Euro nicht wechseln und so legt Stefan für mich aus. Er hat mit seiner Frau den beheizten Raum genommen, bietet auch mir großzügig dort ein Bett an. Ich ziehe aber ein nicht geheiztes Sechsbettzimmer für mich alleine vor. Die Herberge ist sehr einfach. Um die anderen beim Essen nicht zu stören, gelingt mir der Balanceakt, die Tür der Dusche mit dem Fuß zuzuhalten, während ich abschätze, wann der Duschstrahl warm ist. Beim Essen sprechen wir darüber, wie gut wir es haben, immer genug Essen auf dem Tisch zu haben. Anna und Stefan haben auch einige Erlebnisse mit professionellen Pilgern gemacht. Nach dem Essen ziehe ich mich in die Bar zurück, vor der Stefan mich gewarnt hat. Der Wirt ist ein Ausbund an Unfreundlichkeit, wohl deshalb ist die Bar nur von mir und einem Spanier besucht. Die andere Bar im Ort war voll, aber der Zigarettenqualm war schon vor dem Öffnen der Tür präsent. Die Planung für morgen kann beginnen: über Trabadelo, Pereje, Villafranca, Cacabelos, Camponaraya nach Ponferrada, das macht zusammen 33 Kilometer. Ganz verstehe ich die Wegbeschreibung nicht, denn irgendwo ist eine Differenz von drei Kilometern, für mich als Fußgänger ist das immerhin eine Dreiviertelstunde. Doch Astorga in drei Tagen – das wird wahrscheinlich. Auch wenn ich irgendwann einmal den ganzen Weg hin- und zurückgehen möchte, jetzt bin ich an dem Punkt, nach Hause zu wollen, an dem Punkt, bereit für mein zu Hause zu sein. Allein zu Hause auf dem Sofa, ein Buch als Alibi auf dem Bauch, kein Improvisieren in Dusche, Toilette und beim Frühstück – geregeltes Leben, sichere, saubere Umgebung, Ruhepause vom Abenteuer, Startbasis für das nächste Abenteuer. Es warten noch so viele Wege auf mich.

Was war heute der schönste Augenblick? Es war ein „Ulla-Tag“: damals Kochen mit Ulla in La Faba, der Rastplatz, an dem wir eine Nektarine geteilt haben. Heute hat Frieden den Namen Ulla. Selbst das blaue Auge von Santiago, dem dritten Pilger heute Nacht, hat mich an Ulla erinnert. Er war mit dem Auge auf den Stockknauf geschlagen, als er auf dem Weg abrutschte.

Ich habe viele Fotos von toten Bäumen gemacht, sie faszinieren mich – Schönheit des Abgestorbenen. Heute nun lese ich im Buch „Peace“ genau den Satz zum Thema: „Wann immer ich ein Auto starte, töte ich einen Baum.“ Ich habe es drastischer übersetzt, als es dort stand. Ist es nur ein Alibi, hier zu laufen? NEIN, ich bin zwar nach Porto geflogen und ich werde – wahrscheinlich – mit dem Bus zurückfahren. Doch zu Hause im Alltag bewege ich mein Auto eher selten, nicht zum Supermarkt, nicht zum Bäcker, nicht zum Getränkeshop. Ich habe meine Füße, mein Fahrrad, meinen Fahrradanhänger und komme mir nicht mehr seltsam dabei vor, mit klappernden Flaschen durch den Ort zu radeln. Hier in Spanien genieße ich die Supermercados in jedem Dorf. Es sind „Tante-Emma-Lädchen", in denen der Laden bestimmt, was ich brauche. Können wir das Rad bei uns zurückdrehen und erreichen, dass jeder zu Fuß einkaufen gehen kann?

Als ich zurück in die Herberge komme, ist Stefan noch mit der Waschmaschine beschäftigt und so entwickelt sich ein Gespräch, Teile seiner Lebensgeschichte schwappen zu mir herüber. Und dann sind wir ganz unverhofft bei Kirche und Gott. Er ist viel in der Welt herumgekommen und so formuliert er, dass es ja nicht davon abhängen kann, durch welchen Zufall man hier oder dort, in diese oder jene Kultur, diese oder jene Religion hineingeboren ist, welcher Gott zuständig ist. Wir sind uns sofort einig: Es gibt nur einen – einen für alle und alles.

Ich begleiche noch meine Schulden bei ihm, gebe etwas für das Abendessen und etwas für Santiago. Ich solle es diesem doch selber geben, meint er. Doch er versteht, dass es sicher für Santiago würdevoller ist, wenn er das übernimmt, weil er mit ihm weiterlaufen wird. Es ist nach Mitternacht, als wir zu Bett gehen.

Samstag, den 23. Januar: Vega de Valcarce --> Ponferrada

Diese Nacht habe ich gefroren. So kalt ist es zwar nicht, aber feucht. Um 7:30 Uhr greife ich meinen Frühstücksbeutel, gehe auf die überdachte Terrasse (= Küche) und braue mir einen Kaffee. Ich bemühe mich, leise zu packen, und bin um 8:30 Uhr auf dem Weg, ohne die anderen geweckt zu haben. Mütze und Handschuhe sind heute nicht im Rucksack, sondern am Mann. Es ist diesig und so lege ich den großen Gang ein, spule die unangenehme Passage an der Nationalstraße ab und suche den Einstieg zum Camino Duro. Beim dritten Anlauf habe ich einen Weg getroffen, der zwar nicht der ausgewiesene ist, mich nach dreimaliger Nachfrage aber auf diesen führt. Ein Bauer ruft vom Feld, ich liefe in die falsche Richtung, ich kann ihn beruhigen. Dann bin ich aus dem Dunst heraus, habe einen wunderbaren Blick über die Berge. Das Rauschen der Straße stört mich gar nicht, war es mir doch beim Aufstieg das einzige richtungsweisende Signal. Um 13:00 Uhr komme ich in Villafranca del Bierzo an, Einkauf für Picknick, Kaffee in der Bar, in der ich mit Paul, Ingo und Lijgien zu Abend gegessen habe – schöne Erinnerungen sind zugelassen. Die Uhrzeit sagt mir, dass meine individuelle Wegvariante mir eine Stunde Camino geschenkt hat, Schritte für ca. vier Kilometer – keinen möchte ich missen. Für jeden dieser Schritte bin ich hier. Also weiter auf dem Weg, ich kenne ihn, bin im Sommer ein paarmal von der Innenstadt zur Herberge gegangen. In der Herberge möchte ich mir nur einen Stempel geben lassen, ich bekomme drei angeboten – noch besser. Beim zweiten Satz einigen die Hospitalera und ich uns auf Deutsch. Auch sie kennt die Probleme des Rückweges und die eher spartanische Kennzeichnung. Aus meinen 19 Kilometern nach Ponferrada macht sie mit zwei Sätzen 25 Kilometer. In einem weiteren Nebensatz sagt sie dann: „Na ja, Du siehst so aus, als ob Du Dir zur Not auch eine Pension leisten kannst." Sieht man mir den mit goldener Kreditkarte abgefederten Pilger an? – Und wenn, es ist ja so.

Der weitere Weg durch die Weinberge ist wieder traumhaft. Ich schmecke die Luft und weiß, warum ich hier bin. Dann verpasse ich mal wieder eine Abzweigung, frage mich durch und werde die Straße entlang geschickt. – Auch gut. Irgendwann stoße ich wieder auf den Weg, eine mir bekannte Stelle – Erinnerungen – schön! Ein Schild an einem Schuppen fordert liebevoll mit dem alten Pilgerruf zum Weitergehen auf: „Ultreia". Er ist mir vertraut, doch trotz großen Latinums fällt mir der ganze Spruch nicht ein, ich schlage ihn aber, zu Hause angekommen, nach: „Ultreia, Ultreia, et Suseia, Deus, adjuva nos!" – „Vorwärts, immer weiter und aufwärts (im geistigen Sinne), Gott helfe uns auf unserem Weg" (http://www.pilger-weg.de).

Dann ist der Weg wieder anders als die Erinnerung und es ist auch ein anderer Weg. Ich halte Radfahrer an, frage mich durch, lerne andere Plätze und das Kastell von Ponferrada kennen. Nur zweimal taugt die Auskunft nicht, dafür kommt

ein Jogger sogar ein Stück mit, um mich eindeutig auf den richtigen Weg zu bringen.

Im Sommer war die Herberge in Ponferrada für mich eine Massenherberge mit kalter Dusche. Heute bekomme ich für mich alleine ein Vierbettzimmer und die Dusche ist warm. Ich renne zum Supermarkt, das Frühstück zu besorgen, und mache mich auf in die Stadt und gönne mir ein schönes Abendessen. Ein wunderbarer Pilgertag geht zu Ende. Ich habe meinen Weg gefunden.

Für morgen steht Rabanal del Camino an, ein Weg von etwas über dreißig Kilometern. Die Strecke bin ich im Sommer auch an einem Tag gegangen. Dann noch eine kleine Etappe von zwanzig Kilometern bis Astorga und diese Pilgerfahrt geht per Bus weiter. Ich bin gespannt, inwieweit Plan und Wirklichkeit übereinstimmen werden.

In der Herberge sind wir zu siebt, je zwei aus Belgien, Korea und Argentinien. Zu groß sind die Sprachbarrieren, um Themen außer dem Camino zuzulassen: der Weg, die Menschen – jeder geht seinen Weg – jeder Camino ist besonders. Dann der obligatorische Austausch, welche Herbergen geöffnet sind, Sauberkeit, Heizung, etc.

Es fällt schwer, die beiden Aufenthalte in dieser Herberge nicht miteinander zu vergleichen: Es ist der gleiche Ort, aber eine andere Zeit. So ist alles anders.

Sonntag, den 24. Januar: Ponferrada --> Rabanal del Camino

Die Nacht ist ruhig und auch morgens ist die Dusche wieder warm. In der Küche sammeln wir uns, haben Vergnügen daran, die verschiedenen Herdplatten mit den Touchschaltern je nach Bedarf an- und abzuschalten – dreisprachig. Heute werde ich am Cruz de Ferro vorbeikommen, wie werde ich heute empfinden? Last habe ich nicht abzuwerfen, jedoch einen Stein, den ich in Portugal aufgesammelt habe und der seitdem im Rucksack eigentlich auf zu Hause wartet, denn zum Zeitpunkt, als ich ihn aufhob und mitnahm, wusste ich noch nicht, dass ich auf dieser Pilgerfahrt noch am Cruz vorbeikommen würde. Gestern habe ich mir gesagt: Hier ist er besser aufgehoben, als dass er zu Hause meine Erinnerungskiste füllt. Also doch: Last abwerfen.

Ich mache erst mal eine Stadtrunde bei dem Versuch, die Stadt in Richtung Rabanal zu verlassen. Mittlerweile bin ich perfekt im Anhalten von Autos – es ist Sonntagmorgen, wenig Leute auf der Straße. Auf dem Weg nach Molinaseca

treffe ich ein paar Pilger – ein Paar sitzt in einer Bushaltestelle und kocht Tee, ein paar Worte, Erkundigung nach dem Weg. Bergauf erwische ich die Piste für Radfahrer, in El Acebo dann wieder das Denkmal für Radfahrer und eine offene Bar. Die halbe Tagesetappe ist fast geschafft. Natürlich denke ich über das Thema „Last" nach. Ich komme zum Schluss, dass es schöne Lasten gibt und eben die anderen, die ich loswerden möchte, loswerden werde! Die Fünf-Jahres-Kisten, die zu schade zum Wegwerfen sind, die ich aber seit mehr als fünf Jahren nicht brauchte, in meinem Keller und meiner Garage mit Dingen fallen mir ein – doch ich bin zufrieden mit mir: Ich war in den letzten Monaten sehr fleißig und habe mich schon von viel Ballast befreit. Klar, die Last meines Rucksacks geht mir auch durch den Kopf, er will ja gerade auch noch bergauf getragen werden. Doch was kann ich entbehren – was möchte ich entbehren? Mir fallen nur ein paar Wäscheklammern ein. Die in Porto gekaufte Packung war eindeutig zu groß und bisher habe ich mich nur von ein paar Klammern trennen können. Ansonsten ist mir jedes Stück so wichtig, dass ich es als schöne Last einstufe und tapfer den Rucksack weitertrage.

Gerade will ich in der Bar aufbrechen, da kommt ein anderer Pilger zur Tür herein. Nach drei Sätzen geht es auf Deutsch weiter. Auch bei ihm ist „Last" ein Thema, er hat schon viele Sachen auf dem Weg zurückgelassen, nur seinen roten Fan-Schal nicht. Er wollte ihn nach Hause schicken, doch die Post war zu. Da er auch seine Jacke als zu schwer eingestuft hatte, ist er glücklich, den Schal behalten zu haben. Hier oben liegt ja noch Schnee. Wir verabschieden uns und jeder hat wieder ein paar heimische Urlaute gehört und etwas vom Weg erfahren, der vor ihm liegt.

Meine Strecke zieht sich, aber endlich taucht das Cruz de Ferro vor mir auf, nett mit Schnee eingerahmt. Ein Auto hält, ein Ehepaar steigt aus, betrachtet die Steine und Aufschriften. Ich lege still meinen Stein ab, er war keine Last auf den ca. 400 Kilometern ab Portugal, es gibt keine Last, die er aufgenommen hat. Das Thema „Last" ist fertig: Die mir lieben und wichtigen Lasten trage ich gerne, die anderen schicke ich nach und nach weg. Schon heute Vormittag habe ich an das Gespräch mit Irmtraut im Sommer über das Steinablegen nachgedacht, es ist mir wie gestern vorgekommen.

An der mir von den Argentiniern empfohlenen Herberge laufe ich vorbei, die hat mich im Sommer schon nicht angesprochen. Gut, dass jeder Mensch anders ist. Auch die von den Koreanern empfohlene Herberge ist nach einem Blick nicht für meine Ohren geschaffen, man hatte mich ja vor der Musik gewarnt. Ich lande in Rabanal del Camino, gehe in die Kirche, frage nach einer offenen Herberge. Als Antwort habe ich verstanden, es sei nicht viel offen, ich solle mich mal umschauen. Also tue ich das. Dann läuft mir eine Frau hinterher. Sie bringt mich persönlich zu der einzigen offenen Herberge. Hier bekomme ich auch Essen, denn der Supermarkt ist wegen Urlaub geschlossen und alle Restaurants rüsten sich auf das Sommergeschäft. Dann geht's zur Messe. Zwei Mönche zelebrieren eine Messe mit gregorianischen Gesängen. Unsere Hospitalera und vier Peregrinos sind die Gemeinde. Etwas ganz anderes, etwas ganz Schönes. Ein prima Abschluss für meine Pilgerfahrt.

Auf das Abendessen bin ich gespannt, die Hospitalera kocht. Sie hat mir übrigens meinen Rucksack von der Anmeldung bis zu meinem Bett getragen. Einen besseren Service gibt es auch in einem Sieben-Sterne-Hotel nicht. Außer mir sind noch zwei Spanier und ein Italiener hier. Ich werde sie mit Englisch ärgern. Ich beschließe, meine Broschüre der spanischen Post mit den Karten, die ich in einer Herberge gefunden habe, hierzulassen. Ich habe zum Abschied ein Foto gemacht. Last gar nicht erst entstehen lassen, geht mir durch den Kopf, denn zu Hause würden sie in die Kartenschublade wandern, die immer, wenn sie überläuft, mit viel Energie entrümpelt werden will. Hier findet sie vielleicht ein Pilger, der nichts Besseres hat, so wie ich vor einer Woche.

Ich lese im Buch „Peace": „... make friends with the trees again." Michelle hat mir das Buch geschickt, sie sagte zu mir an einem meiner ersten Pilgertage im Sommer: „Fotografiere nicht nur

Bäume, sondern mach‘ auch I‘m-here-pictures.“ Und so gibt es von heute auch ein Bild von mir am Cruz de Ferro.

Das Abendessen nach der Messe besteht aus Makkaroni. Ich sitze zusammen mit den drei anderen Pilgern. Sie haben sich auf dem Weg kennengelernt und haben genug Gesprächsthemen auf Spanisch, doch ab und an werde ich ins Gespräch einbezogen. Ein Spanier sagt sehr deutlich: „Wenn man in ein Land kommt, dann sollte man die Landessprache können.“ Ich diskutiere nicht, gebe ihm im Prinzip recht. In der Praxis ist das jedoch kaum zu realisieren.

Montag, den 25. Januar: Rabanal del Camino --> Astorga --> León

Einen Discopilger (so nannte Jasmin die Pilger, die noch im Dunkeln mit Stirnlampe bewaffnet ihre Sachen zusammenpacken) darf ich heute auf dieser Pilgerfahrt erleben. Etwas später volle Beleuchtung. Um 8:15 Uhr gibt es Frühstück in der Wohnküche der Hospitalera: getoastetes Brot, verschiedene Sorten Marmelade, viel Kaffee. Ich bin versucht, meinen Schinken zu holen, doch dann habe ich, wohl zu Recht, Hemmungen, ich will nicht noch weiter unangenehm auffallen. Dass ich kein Spanisch kann, reicht. Nach einer herzlichen Verabschiedung ziehen wir unserer Wege in die unterschiedlichen Richtungen. Ich gehe noch einmal zur Kirche, will Kerzen anzünden, meine Schachtel Streichhölzer hierlassen. Die beiden Geistlichen sind mitten in der Messe, ich bilde ab jetzt die Gemeinde. Ich habe Ruhe zu verweilen. Ich werde zum Abendmahl eingeladen, habe aber beim Reichen der Oblate nicht die übliche Formel parat. Ich werde gefragt, ob ich katholisch bin, antworte wahrheitsgemäß mit „Nein“ und die Oblate wird wieder zurückgezogen. Nach kurzem Zögern, ob er sie zurück in den Kelch legen soll, nimmt der Geistliche die Oblate selber. Es wäre ein schöner Abschluss meiner Pilgerfahrt gewesen. Ich respektiere jedoch ohne Bedauern die religiöse Einstellung des Geistlichen. Ich habe ja über tausend Kilometer Pilgerweg gebraucht, um zu einem katholischen Abendmahl in Santiago zu gehen.

Ich komme hinaus aus der Kirche und die Sonne lächelt nicht nur, sie lacht mich an, und ich gehe ihr entgegen, weiter nach Hause. Es ist ein klarer, kalter Morgen – Frost auf den Zweigen und Grashalmen. Auf den nächsten Kilometern kann ich das Thema „Abendmahl“ noch einmal verarbeiten: Es ist ein religiöser Ritus, mit meinem Glauben, meinem Gott ist heute Morgen kein Konflikt aufgetreten. Wie steht es so schön in dem „Peace“-Buch: Jeden Bissen soll man mit Achtung und Aufmerksamkeit verzehren.

Den Kirchturm in El Ganso ziert ein Storchennest. Der Weg geht immer leicht bergab. Aus Steinen gelegte Pfeile weisen den Weg nach Santiago. Ich treffe ein paar Pilger, Lächeln, kurze Gespräche. Um 12:00 Uhr mache ich Pause in der ersten offenen Bar. Noch bleiben mir ein paar Pilgerstunden.

Der Tag bleibt wunderbar, der Weg geht immer geradeaus, die Sonne strahlt weiter, die schneebedeckten Berge bilden eine wunderschöne Kulisse. Kurz nach 14:00 Uhr erreiche ich die Kathedrale in Astorga – sie ist wegen Umbau geschlossen. Ihre Tür ist die beeindruckendste geschlossene Kirchentür für mich auf diesem Camino. Dann stehe ich vor dem Hotel „Gaudi“ und laufe einer Gruppe Pilger in die Arme, die mir erklären, wo die Herberge ist. Ein paar freundliche Sätze, herzliche Verabschiedung – ihnen ein „Buen Camino!“, mir eine gute Heimreise. Obwohl ich mich auf das Abschiedsdinner im „Gaudi“ so gefreut habe, habe ich doch keine Lust, bis zum Abend zu warten. Ich will weiter nach León. Schon nach einer Anfrage finde ich den Busbahnhof, in zwanzig Minuten geht ein Bus nach León. Punktgenau kommt ein Anruf von Tino aus Köln wegen eines Kundenproblems – er wird es regeln und mich langsam ankommen lassen. Die Fahrt nach León kostet 3,30 Euro, mal sehen, wann ich dort bin, mal sehen, wie es dann weitergeht. Die Schalter im Busbahnhof sind alle geschlossen, sodass ich keine Information bekomme. Der Bus hält an jeder Milchkanne und so kann ich jetzt aus dem Fenster einen Blick auf die gelben Pfeile erhaschen. Der letzte Pilgerschritt ist für dieses Mal getan. Bis auf die obligatorischen Blasen hat mein Körper mir diese Pilgerfahrt gedankt, haben meine Füße mich sicher getragen.

Ich kratze in meinem Kopf nach Erdkundekenntnissen, um zwischen León, Burgos, Pamplona, Paris, Brüssel, Aachen und Köln noch weitere Etappenziele zusammenzubekommen. Ich habe mich für das langsame Ankommen entschieden. Um 15:55 Uhr bin ich in León. Weitere fünf Minuten später weiß ich, dass erst übermorgen ein Bus nach Köln geht – es ist halt Januar. Nach Burgos könnte ich um 21:15 Uhr fahren. Nehme ich also doch die Bahn? In zehn Minuten bin ich zu Fuß am Bahnhof und gewartete drei Kilometer später habe ich ein Ticket für morgen 15:07 Uhr nach Hendaye – dafür darf ich 34,30 Euro bezahlen und hoffe, dass dieser mir bisher noch unbekannte Ort auf meinem Weg nach Hause ein schönes Etappenziel darstellt. Die Dame ist drauf und dran, mir noch ein Ticket nach Paris zu verkaufen, nur gegen bar, auf Kreditkarte könnte ich das erst in Hendaye erstehen. Ich hoffe darauf, in diesem Bahnhof dann eine Fahrkarte direkt bis nach Honrath kaufen zu können, und mache mich auf den Weg in die Innenstadt. Gelbe Pfeile und Schilder helfen ebenso wie nette Passanten und bald stehe ich vor der Benediktineralbergue. Diese macht am 1. Februar wieder auf. Also lasse ich mir den Weg zur Municipalalbergue erklären, frage ein paarmal nach. Eine nette Dame bringt mich schließlich wieder zu den Benediktinern, ich kann ihr nicht klarmachen, dass hier geschlossen ist, und die andere Herberge kennt sie wohl nicht. Also zweiter Anlauf. Wenige Schritte nach der Stelle, wo ich die fürsorgliche Dame traf, finde ich dann die Hinweisschilder zur anderen Herberge. Dafür komme ich an einer offenen Kirche vorbei, bin versucht, meine Streichhölzer vor den Diodenkerzen zu hinterlassen. Der Gedanke, die Altarkerzen anzuzünden, ist nur eine Sekunde in mir.

Die Herberge hat Achtbettzimmer, drei Betten sind schon belegt. Nach dem Pflichtprogramm geht es zurück in die Stadt, der Weg ist ja mit der Dame eingeübt. In der Stadt mache ich an markanten Ecken zur Sicherheit Fotos in Zielrichtung Rückweg heute Nacht. Die Herberge ist rund um die Uhr geöffnet und ich brauche morgen erst um 10:00 Uhr das Feld zu räumen.

Zwischendurch kommt kurz ein „Hätte-Wäre-Wenn"-Moment auf, doch der entschwindet, ohne sich zu Ende formuliert zu haben. Wie es ist, ist es gut, jeder Schritt – jeder Augenblick.

Ich sitze in einer Bar und bin gerade mit meinen Notizen fertig, da höre ich englische Töne hinter mir. Ich drehe mich um, schätze ein, frage: „Peregrinos?" – „Yes." – „Room 6?" – „Yes." „That's the camino!", würde Simone sagen. Es gibt in diesem Augenblick eben nur eine Bar in León. Es ist ein Deutscher dabei, er ist in Norddeutschland gestartet. Ein guter, kurzer Gedankenaustausch. Die anderen Pilger ziehen weiter, es ist die dritte Bar an diesem Abend für sie. Feiern ist ein – guter – Teil des Caminos. Mir ist heute nach Alleinsein, also ziehe ich nicht mit. Man sieht sich ja in Zimmer 6. Ich habe dem Deutschen meine A4-Wegbeschreibung aus Santiago gegeben. Ein Blatt weniger für meine Kartenschublade, sie wird sich freuen. Und er hat sich heute schon gefreut, im Winter ist das Wissen um jede offene Herberge und deren Zustand hilfreich.

Ich finde die Kathedrale fast auf Anhieb, daneben eine offene Kirchentür, der Gottesdienst ist gerade zu Ende. Mir fällt auf, dass über dem Altar kein Kreuz hängt, sondern eine Heiligenstatue. Ich streife weiter durch die Stadt – noch eine offene Kirchentür, wieder ein interessanter Altarraum. Lässt das Universum jetzt nur noch Kirchentüren für mich offen stehen, die mir guttun, oder übersehe ich die anderen einfach nur? Sollte ich toleranter geworden sein?

Eine hell erleuchtete Bar – kaum Zigarettenrauch – lädt mich ein. Gedanken füllen mein Büchlein. Der wunderbare Tag in León im Sommer, die Umarmungen von Angela und Simone werden wohl immer für mich mit dieser Stadt in Verbindung stehen – schöne Erinnerungen, die Kraft geben und denen ich heute weitere hinzufügen durfte. Mir geht der Gedanke durch den Kopf, ob ich mich wohl irgendwann trauen werde, in einer spanischen Bar darum zu bitten, den Fernseher auszuschalten, auf den keiner schaut?

Der Rückweg zur Herberge wird wieder zu einem Stadtrundgang. Vieles erkenne ich wieder, aber in welche Richtung geht's weiter? Kurz bevor ich meine Bilder in der Kamera befrage, passt das Schild einer Bar zu meinem heutigen Weg zur Herberge. An der Wand in dieser Bar hängen tolle Bilder von Motorradrennen. Nicht mein Sport – wenn es denn Sport ist – jedoch fasziniert mich die Begeisterung, die ich bei Bikern erlebt habe. Der Fernseher wird hier von zwei flackernden Spielautomaten ergänzt. Drei Gäste, ein Wirt, gute Musik. Abschied auf Raten von meinem zweiten Camino, dem Caminho Português und einem Stück Camino Francés rückwärts, auf dem Weg nach Hause.

Dienstag, den 26. Januar: León --> Paris

Heute Morgen geht's erst um 8:30 Uhr aus den Federn, die Mitpilger sind auch Langschläfer. Beim Frühstück kaum ein Wort – es ist noch zu früh. Die anderen machen heute einen Ruhetag in León. Das Packen ist heute keine Routine, denn für den Stadtrundgang und die Bahnfahrt ist die Reihenfolge anders. Draußen vor der Herberge begrüßt mich ein strahlender kalter Januarmorgen. Kein Wölkchen am Himmel, die Sonne tut ihr Bestes und strahlt durch die Häuserzeilen. Ich spaziere zur Kathedrale, gegenüber liegt das nette „Café Europa". Schöne Musik, kein TV, eine Tasse Kaffee, um wach zu werden. Mal sehen, ob es heute ein Zeitfenster gibt, in dem die Kathedrale für mich geöffnet hat.

Das Zeitfenster passt: Ich bin beeindruckt. Ich schlendere an den vielen Seitenaltären vorbei, die bunten Fenster geben der Kathedrale ein besonderes Licht. Dann mache ich mich auf zum Museum. Hier gibt es in zwei Stunden einen Schnelldurchgang von der Prähistorie bis heute.

Bei meinem Streifzug durch die Stadt finde ich eine deutsche Bäckerei – hier muss ich eine Pause machen. Bis Paris werden es wohl Züge ohne Speisewagen sein, also blicke ich mich langsam nach einem Supermarkt um, damit das leibliche Wohl auf der Rückfahrt so gut gesichert ist wie unterwegs beim Pilgern. Das Leben auf der Pilgerfahrt ist doch einfacher als das vom Fahrplan der Bahn bestimmte.

Nun habe ich eingekauft, als ob ich in einen bis Peking fahrenden Zug ohne Speisewagen steigen würde. Es ist kurz nach 13:00 Uhr, ich habe also noch zwei Stunden Zeit, den Bahnhof zu finden, und darf so lange zusätzlich zum Rucksack die Plastiktüten mit dem Einkauf tragen.

Im Museum hat mir besonders das Video über den Camino gefallen, denn es wurde nicht nur der Camino de Santiago gezeigt, sondern Pilgerwege weltweit. Und so werde ich wieder an das Vorhaben „Rom" erinnert und freue mich schon darauf. Auch wenn ein Stadtbesuch auf dem Pilgerweg für mich immer ein schwieriges Thema war, so ist doch dieser Tag in León zum Ankommen im normalen Leben gut für mich. Ich habe so viele schöne Stellen in der Stadt gefunden, es lohnt sich wiederzukommen, ob auf Pilgerfahrt oder einfach nur so.

Den Weg zum Bahnhof habe ich eingeübt, Erinnerungen an den Sommer, Erinnerungen an gestern aufgefrischt. Ich erwarte besser in einer Bar die Abfahrt des Zuges als am öden Bahnhof. Ich bekomme einen Schreck, als ich auf eine Uhr in der Bar schaue, beruhige mich aber, denn alle Uhren hier stehen still.

Auf dem Bahnhof Schuhwechsel, mit viel Übung passen die Pilgerschuhe in den Rucksack. Die Turnschuhe sind für die Bahnfahrt angemessener. Gestern der letzte Pilgerschritt, heute noch einmal durch die Stadt im Pilgeroutfit. Langsames Ende meiner Pilgerfahrt.

Diese Pilgerfahrt hat bei mir den Wunsch geweckt, Sprachen zu lernen. Damit hatte ich bestimmt nicht gerechnet. Es fing damals mit Andrea kurz hinter Tui an. Jetzt in León habe ich mir jede Reklametafel laut vorgelesen.

Wie werde ich es fertig bekommen, meinen gordischen Sprachknoten zu lösen? Ich werde mich überraschen lassen. Genug Sprachen gibt es ja zur Auswahl. Ich erinnere mich, beim letzten Besuch in León an einer als Londoner Underground Station aufgemachten Bar mit dem treffenden Namen „Babylon" vorbeigekommen zu sein. Diese Geschichte aus der Bibel: Für mich schließt sie sich hier in León auf dem Bahnhof beim Warten auf den Zug, der mich in ein anderes Land zu einer anderen Sprache bringt. Das Nichtverstehen eines anderen Menschen wegen der Sprachbarriere weicht bei mir langsam trotz meiner nur wenigen Brocken in anderen Sprachen.

Auf dem Bahnhof angekommen, darf ich mehrere Leute fragen, denn ich bekomme mit, dass mit der gleichen Zugnummer zwei Ziele angegeben sind. Es dauert, bis ich eine Antwort bekomme: Der Zug wird also irgendwo geteilt und ich sollte den Teil erwischen, der mich nach Hendaye bringt. Zuerst die Auskunft von einer Dame an der Information, dass der Zug Verspätung hat, dann von zwei Herren der Bahn-Security der Hinweis auf Coche 2, und als sie mich auf ihrem Kontrollgang durch den fahrenden Zug sitzen sehen, ein Lächeln und den Daumen hoch – beides ist international. Für 34,30 Euro kann ich jetzt fünf Stunden Spanien per Bahn genießen. Zuerst die Meseta, denn der Zug geht über Burgos. Er ist relativ leer und auch in der Touristenklasse läuft ein Film, doch ich schaue lieber aus dem Fenster. Als der Schaffner kommt, erfahre ich, dass ich im falschen Wagen sitze, also alles wieder schultern und durch den Zug – jetzt in einen vollen Waggon, Sitzrichtung rückwärts. Sahagún ist erreicht. Vor mir eine Nonne, gegenüber zwei Pilger aus Frankreich. Um 16:43 Uhr sind wir in Palencia. Ich habe wieder einen Fensterplatz und kann in die Sonne schauen, die heute schon den ganzen Tag strahlt. Nach nochmaligem Umsetzen schaue ich wieder in Fahrtrichtung und habe eine Vierersitzgruppe für mich. Die Wolken sind schöner, als man sie malen könnte, auf vielen Anhöhen Windräder. Um 17:33 Uhr sind wir in Burgos Rosa de Lima. Der Zug leert sich. Schöne Erinnerungen an die im Sommer durchpilgerte Meseta sind vorbeigeflogen.

Die Sonne malt die Wolken bei ihrem heutigen Untergang in herrlichen Rottönen. Um 18:32 Uhr ein Halt, hier wird der Zug getrennt. Miranda habe ich verstanden, um 19:00 Uhr Stopp in Vitoria, außer vielen erleuchteten Straßenlaternen sehe ich nichts. Um 19:21 Uhr ein weiterer Stopp, ich habe weder die Ansage verstanden, noch ein Bahnhofsschild gesehen. Das Jetzt weiß ich, beim Hier vertraue ich auf die Dame am Fahrkartenschalter in León, obwohl ich bis jetzt nicht verstehe, warum sie mir nicht eine Fahrkarte bis nach Hause verkaufen und die Verbindung bis dorthin heraussuchen konnte. Es wird einen Grund dafür geben, vielleicht erhalte ich irgendwann einmal eine nachvollziehbare Erklärung. Ein weiterer Stopp um 19:44 Uhr – auch jetzt bleibt das Hier ein Geheimnis für mich. Ich lese im Buch „Peace" und trage Frieden in mir. 20:26 Uhr ein weiterer Stopp. „Wir haben etwa eine halbe Stunde Verspätung", erklärt mir Claude, ein französischer Pilger. „Das ist gut", fügt er hinzu, „Du brauchst nicht so lange auf Deinen Anschlusszug zu warten." Katharina ist mit meiner Ortsangabe „kurz vor Frankreich" und dem Verkehrsmittel Zug sehr zufrieden. Wir verabreden, wo ich meinen Wohnungsschlüssel finden kann. 20:45 Uhr, ein weiterer Stopp. Ich verstehe Irún. Das sieht nach spanischem Grenzbahnhof aus. Langsam ankommen wollte ich, aber so lange stillzusitzen nach einer Zeit, die von Bewegung geprägt war, fällt schwer. Es sind ja nur noch zwei Länder zu durchqueren.

Ich bin in Frankreich, die Dame am Fahrkartenschalter findet Köln im Computer und verkauft mir neun Stunden Bahnreise durch die Nacht für 76,60 Euro. Aus irgendeinem Grunde bin ich geizig und spare die 30 Euro für den Liegewagen. Dann noch ein Ticket von Paris Nord nach Köln für 77 Euro in dreieinviertel Stunden. Auf dem Bahnsteig komme ich mit Alex ins Gespräch, wir hatten uns in der Bahn kurz gesehen. Er ist von Le Puy im November gestartet und ist knapp bei Kasse, sodass es für die Bahnfahrt nicht reicht. Er will bahntrampen. Ich biete ihm an, seine Fahrkarte auszulegen, er kann mir ja das Geld später überweisen. Er will darüber nachdenken, dann ist aber der Schalter geschlossen. Er regelt es dann anders, er kann erst mal mitfahren und später irgendwann bezahlen. Wir unterhalten uns über Camino-Erlebnisse, tauschen E-Mail-Adressen und begeben uns zur Ruhe. Nun weiß ich: Deshalb wollte ich keinen Liegewagen.

Mittwoch, den 27. Januar: Paris --> Wahlscheid

Um 7:14 Uhr bin ich in Paris. Herzliche Verabschiedung von Alex. Ich habe alle meine Bilder durchgesehen: Den so häufig riesig in Blau auf den Weg geschriebenen Namen ALEX habe ich nicht fotografiert.

Auch wenn es sehr lange her ist, dass ich in Paris war, so weiß ich doch, wie ich Metro fahren kann, finde heraus, dass ich die Linie M5 nehmen muss, und frage mich durch, denn es gibt zu viele Schilder für diese Morgenstunde. Ein Ticket für 1,60 Euro bekomme ich von einer netten Dame mit einem Lächeln. Ein neuer schöner Tag hat begonnen. Das langsame Ankommen nimmt weiter seinen Lauf.

Auch am Gare du Nord ist es einfacher zu fragen. Ich habe zwei Stunden Zeit, zu wenig für einen Stadtrundgang, aber lang genug, um der Bahnhofsatmosphäre zu entfliehen und ein Café aufzusuchen. Ein Frühstück im Warmen ziehe ich einem Picknick aus meinem Jutebeutel in der Eiseskälte vor. Für eine Zugfahrt habe ich gut geschlafen, jedoch möchte ich nicht behaupten, total ausgeruht zu sein. Ich habe die Muße, noch ein paar Seiten im Buch „Peace“ zu lesen, und selbstverständlich kommt ein Satz, der für den Augenblick genau passend ist: „While we practice walking meditation, we do not try to arrive anywhere. We only make peaceful, happy steps."

Buen Camino! – wo auch immer Dein Santiago liegt.

Paris --> Köln im Thalys zum Sonderpreis von 77 Euro hat nichts mehr mit Pilgern zu tun, jetzt hat mich der Alltag zurück. In Köln gönne ich mir einen Besuch im Dom. Klar, das Café Reichard kann ich auch nicht links liegen lassen. Hier habe ich Barbara und Kim nach meinem ersten Camino noch einmal getroffen. Und etwas Seltsames geschieht: Ich stelle fest, mir hat der spanische Kaffee besser geschmeckt.

Ich bin zu Hause – na fast – bis auf die letzte Schleife nach Wahlscheid, doch hier ist schon „home zone“.

Stempel des Credencial del Peregrino (Pilgerpasses) und Compostela der Pilgerfahrt im Januar des Heiligen Jahres 2010

CAPITULUM hujus Almae Apostolicae et Metropolitanae Ecclesiae Compostellanae sigilli Altaris Beati Jacobi Apostoli custos, ut omnibus Fidelibus et Peregrinis ex toto terrarum Orbe, devotionis affectu vel voti causa, ad limina Apostoli Nostri Hispaniarum Patroni ac Tutelaris **SANCTI JACOBI** *convenientibus, authenticas visitationis litteras expediat, omnibus et singulis praesentes inspecturis, notum facit:* Dnum Ermannum Wenzel

hoc sacratissimum Templum pietatis causa devote visitasse. In quorum fidem praesentes litteras, sigillo ejusdem Sanctae Ecclesiae munitas, ei confero.

Datum Compostellae die 17 *mensis* Ianuarii
anno Dni 2010 Annus Sanctus

SIGILLUM ✠ CAPITULI ✠ BEATI ✠ IACOBI ✠ COMPOSTELLAE

Canonicus Deputatus pro Peregrinis

credencial del peregrino
año santo compostelano
2010 SCQ
SANTIAGO DE COMPOSTELA
MMX
"peregrinando hacia la luz"
Santiago te espera
encamínate
www.catedraldesantiago.es
www.encaminate.com

Certificación de Paso

FIRMAS Y SELLOS

Fecha: 02.12.2009	CAMINHO DE SANTIAGO DE COMPOSTELA - CÂMARA MUNICIPAL DO PORTO - PORTO Fecha: 5-01-10
FABRICA DA CATEDRAL DO PORTO Fecha: 2010/01/05	ASSOCIAÇÃO HUMANITÁRIA BOMBEIROS Fecha: 05/01/2010
CAFÉ PRINCIPAL Contribuinte n.º 809 471 345 RUA ESTRADA PRINCIPAL, 491 4485-176 GIÃO VCD --- VILA DO CONDE TELEF. (02) 9286985 Fecha: 7/1/2010	FARMÁCIA Directora Técnica Ilda Forte Contrib. N.º 144 308 Telef. 252 661 61 4485-401 VILARINHO - MACIEIRA - VILA Fecha: 6/1/10
Albergue S. Pedro de Rates Caminho Português Fecha: 7-1-10	Caminho de Santiago Residencial Arantes BARCELOS Fecha: 8/1/10

FIRMAS Y SELLOS
FIRMAS Y SELLOS
ALBERGUE DE PEREGRINOS
08/01/10
PONTE DE LIMA
Fecha:
Fecha: 10/1/10
ALBERGUE DE PEREGRINOS DE S.PEDRO DE RUBIÃES
Capela de SANTA MARTA
BÉRTOLA
Fecha: 14/01/10
COFRADÍA DE NTRA. SRA. DEL REFUGIO · VIRGEN PEREGRINA · PONTEVEDRA
Fecha: 15-01-10
CAFÉ | SNACK-BAR
A TOCA
De Joaquim Rafael Azevedo
N.I.F. PT 175 172 544
RUA DA SENRA - GANDRA
4930-311 VALENÇA • TLF. 251 821 339
Fecha:
Fecha:
Fecha: 14-01-10
SAN AMARO DE PORTELA
15-01-2010
Fecha:
ALBERGUE DE TUI
Concello do Porriño
CAMINO
Data: 12-01-10
BAR
A RAPEIRA
Tel. 986 53 63 43
PORTAS
15-01-01
Santa Mariña de Carracedo
CALDAS DE REYES
SELLOS DEL PEREGRINO
Fecha: 16-01-10
Fecha:
Fecha:
Fecha:
Bar «CORISCO»
SAJAMONDE
PADRON
Fecha: 13-1-2010
ALBERGUE DE REDONDELA
Fecha: 13/01/10
SANTO TOMAS CALDAS DE REYES
Fecha: 16-01-10
BAR 'O DESCANS
José María Gómez García
N.I.F.: 33.220.453-N
Ctra. Padrón-Santiago
Vilariños - Esclavitud - PADRON (A Cor
Telf.: 981 80 36 25
Fecha: 16-01-10

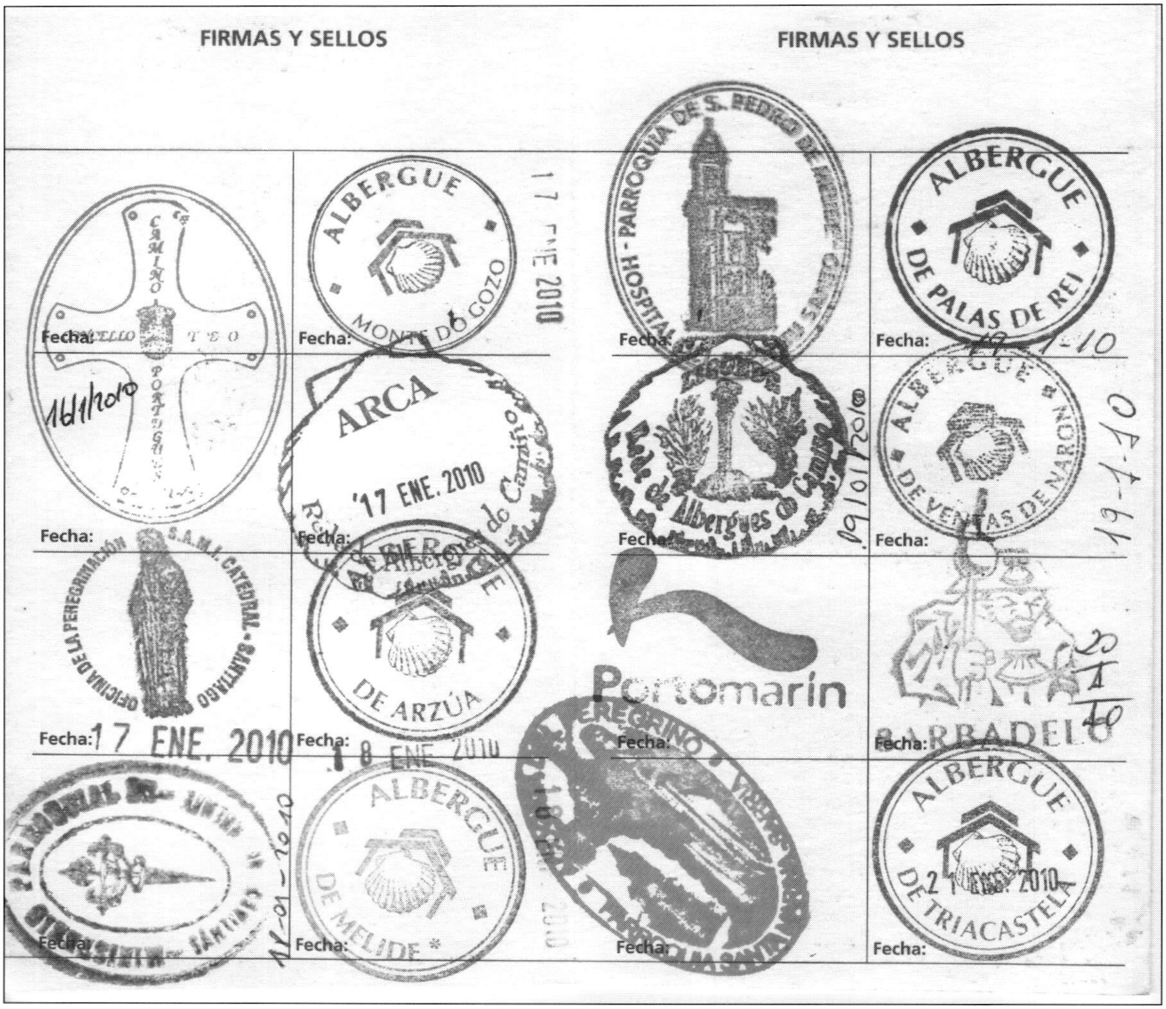
FIRMAS Y SELLOS
FIRMAS Y SELLOS
Fecha:
CAMINO PORTUGUÉS
14/1/2010
ALBERGUE MONTE DO GOZO
17 ENE 2010
PARROQUIA DE S. PEDRO
ALBERGUE DE PALAS DE REI
ARCA
17 ENE. 2010
Rede de Albergues do Camiño
19/01/2010
ALBERGUE DE VENTAS DE NARÓN
19-1-10
OFICINA DE LA PEREGRINACIÓN S.A.M.I. CATEDRAL - SANTIAGO
17 ENE. 2010
ALBERGUE DE ARZÚA
18 ENE 2010
Portomarín
BARBADELO
20-1-10
ALBERGUE DE MELIDE
ALBERGUE DE TRIACASTELA
21 ENE. 2010
17-01-2010
PEREGRINO

DEL PEREGRINO
Tel. 982 367 172
POYO-PIEDRAFITA-LUGO

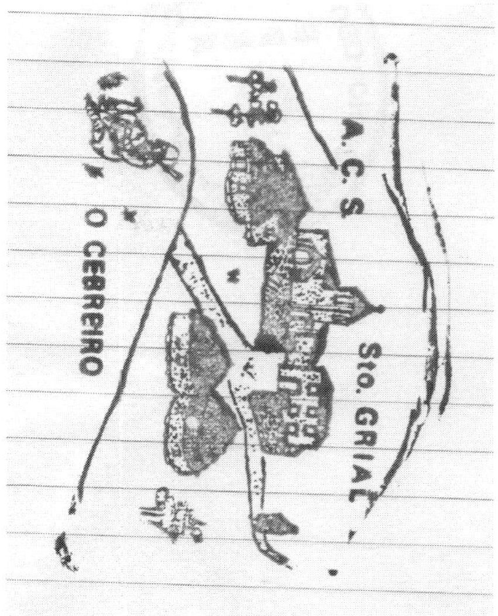
A.C.S.
O CEBREIRO
Sto. GRIAL

PARROQUIA DE SANTA MARIA A REAL
O CEBREIRO - LUGO
22 ENE. 2010

REFUGIO DE PEREGRINOS
VEGA DE VALCARCE
22-01-10

Por los Caminos de Santiago
FENIX
HOSPITAL REFUGIO
ASOC. INTPR. DE PEREGRINOS
Tel: 987 / 54 26 55
VILLAFRANCA DEL BIERZO
23 ENE 2010

EL CARMEN
ALBERGUE
PONFERRADA
LEON
<<SAN NICOLAS DE FLÜE>>
23 ENE. 2010

Albergue de Peregrinos
Ntra. Sra. Del Pilar
Rabanal del Camino
24/1/2010

LEÓN PEREGRINO
EXCMO. AYUNTAMIENTO DE LEÓN
25/01/2010

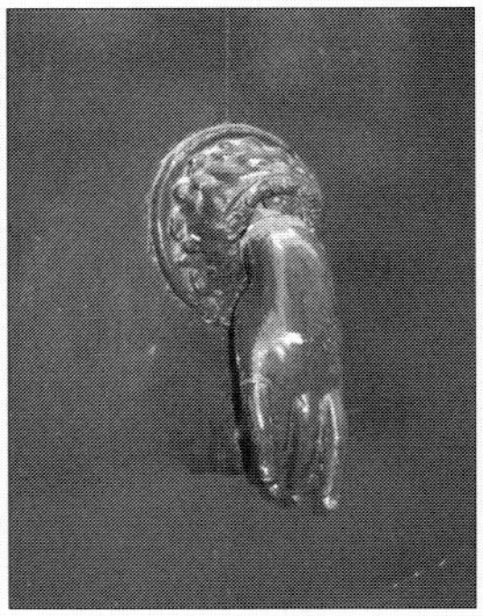

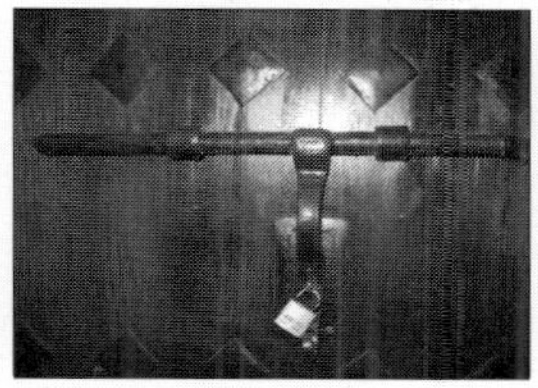

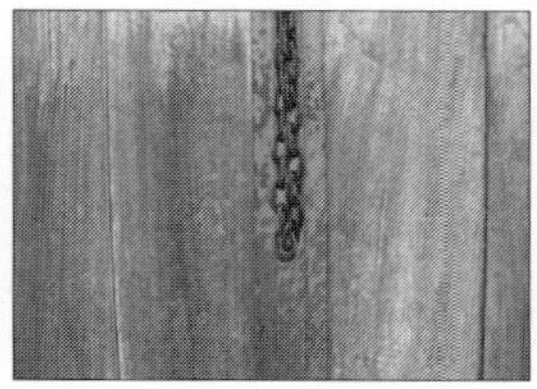

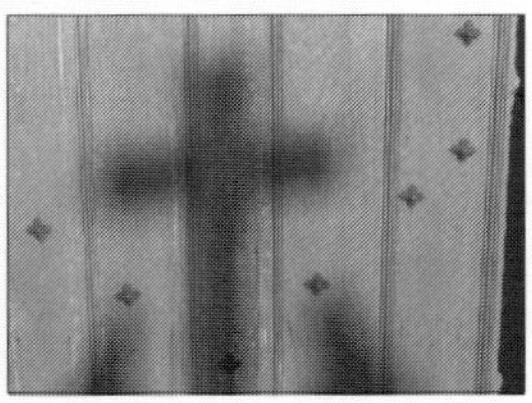

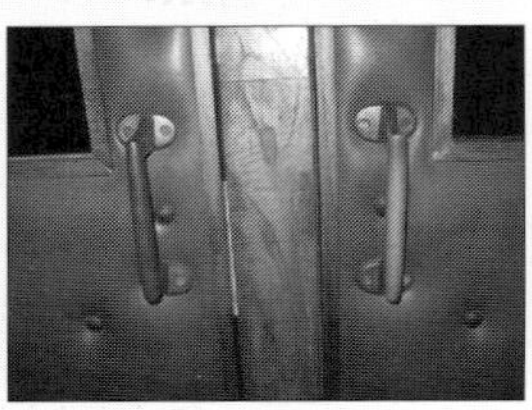

Kapitel 2

Caminho Português im Februar 2011

Prolog: Noch mal, weil's so schön war

Nach meinem letzten Camino war klar, dass ich wieder auf Pilgerfahrt gehen würde.

Im Oktober 2010 stellte ich mir die Frage, welcher Camino es diesmal sein sollte. Das Wann war klar: im Februar 2011, und der 5. Februar sollte der Starttag sein.

Führer von vielen Caminos liegen bei mir zu Hause im Sideboard, das sie sich mit den wenigen Büchern teilen, die nach meinen Aufräumaktionen noch übrig geblieben sind. (Die Damen in der Bücherei taten so, als ob sie sich über die Büchertüten freuten, die ich bei ihnen anschleppte.) Meine Wahl fiel wieder auf den Caminho Português, weil er so schön einfach zu gehen ist. Obwohl ich dafür einen Führer hatte, leistete ich mir die neue Ausgabe. Also werde ich diesmal wieder nach dem gelben Führer von Raimund Joos pilgern.

Bei der Durchsicht der Ausrüstung fällt mir auf, dass meine Schuhe nicht noch eine Pilgerfahrt mitmachen werden. Also formuliere ich schon mal einen Wunsch für den Wunschzettel, denn es ist ja bald Weihnachten. Ob ich mir noch eine bessere Kamera leiste und damit mehr Gewicht mitnehme, ist ein Thema, das ich gründlich durchdenken werde. Meine Pilgerfreundin Britta vom Camino Francés kann ich dagegen beruhigen: Ich habe auch warme karierte Hemden, mein Pilgername „Der Karierte" ist nicht in Gefahr.

Der Flug ist auch schon gebucht: Für weniger als 99 Euro geht's über Mallorca nach Porto. Das ist das Bequemste und Billigste, wenn es auch für einen Pilger nicht ganz stilvoll ist. Wie auf den letzten beiden Pilgerfahrten habe ich weder ein Rückreisedatum noch einen Rückreiseort festgelegt. Ich werde in Santiago sehen, wonach mir ist, wenn ich denn dort überhaupt ankomme.

Ich habe Zeit und Muße, die Pilgertagebücher meiner bisherigen Pilgerfahrten zu überarbeiten.

Sonntag, den 5. Dezember:

Mit meiner spanischen Pilgerfreundin Andrea habe ich mich für den 11. Februar im Café „Museu" in Tui verabredet. Wenn alles so läuft wie in diesem Januar, wird das klappen.

Donnerstag, den 9. Dezember:

Der Kauf der neuen Pilgerschuhe ging in drei Minuten vonstatten. Es sind einfach wieder die gleichen wie im letzten Jahr geworden. Nun dürfen sie noch eingelaufen werden.

Dienstag, den 18. Januar:

Gestern habe ich die Packliste durchgeschaut und den Einkaufszettel für meinen Städtetag in Köln geschrieben: neue Badelatschen, Kosmetikartikel und vor allem eine neue, noch schwerere Digicam (Canon EOS 550D mit 18-135 Objektiv) stehen darauf.

Samstag, den 05. Februar: Anreise nach Porto

Alles ist fertig gepackt. Die neue Digicam ist, weil zu schwer, zu Hause geblieben, die gute alte Cannon G9 muss für die Erinnerungsfotos reichen. Ich bin gespannt, was mich diesmal auf dem Weg erwartet, was mir der Camino diesmal schenken wird. Die guten Wünsche meiner Freunde von nah und fern begleiten mich auch auf diesem Camino. In den letzten Tagen ist León als Ziel in meinen Gedanken erschienen. Mal sehen, was das Gefühl unterwegs dazu sagt. Auf jeden Fall habe ich vorsichtshalber nicht nur den Reiseführer des Caminho Português, sondern auch den vom Camino Francés eingesteckt. Als ich den Rucksack anhebe, kommt es mir vor, als ob er hundert Kilo wiegt. Ich unterlasse es, ihn auf die Waage zu stellen, denn nichts, was in ihm ist, möchte ich auf meiner Pilgerfahrt missen. Zum Ablegen am Cruz de Ferro habe ich gleich zwei Steine mit, Erinnerungsstücke aus Lebensphasen, die abgeschlossen sind. Dort am Cruz sind sie in Zukunft wohl besser aufgehoben als bei mir zu Hause, wo sie nur die Andenkenschublade verstopfen.

Der Flug ist ruhig, einmal, auf Mallorca, muss ich umsteigen. Es ist Zeit genug, sodass ich mich vom Alltag verabschieden und mich auf meinen neuen

Camino einstellen kann. In Porto finde ich auf Anhieb die Metro und kann mich auch daran erinnern, am Fahrscheinautomaten die englische Flagge drücken zu müssen, um klar zu kommen. Ich präge mir ein, dass es in Portugal eine Stunde früher ist, als die Uhr in meinem Handy anzeigt. Dann ist „Emmanuellezeit“, ich entsorge die angesammelten Papiere vom Flug. Als ich bei der Feuerwehr ankomme, um dort um ein Bett zu bitten, weiß ich auch, was ich diesmal zu Hause liegen gelassen habe: meinen Pilgerpass. Man lässt mich trotzdem ein Bett im Mannschaftsraum beziehen. Ich ziehe schnell meine Turnschuhe an und eile am Rathaus vorbei zur Kathedrale. Gegen eine Spende von fünfzig Cent, die ich großzügig verdopple, bekomme ich einen neuen Pilgerpass ausgestellt. Ich setze mich in eine Kirchenbank und lasse die Kirche nebst Orgelmusik auf mich einwirken, komme zur Ruhe, komme an.

Dann ist es Zeit für einen Café solo auf einer Plaza. Hier ist es deutlich wärmer als in der Heimat und man kann schon draußen sitzen. Fast hätte ich doch heute ein Problem gehabt. Aber bevor ich die vergessene Tüte mit Kugelschreiber, Lesebrille, Pilgerpass und Führer für den Camino Francés, das Spanischwörterbuch, Taschenmesser und Steine für das Cruz de Ferro als ein Problem zugelassen habe, hat es sich gelöst. Soll mir diese Marscherleichterung vielleicht sagen, ich kann auch zu Hause Last abwerfen, ich muss sie nicht bis zum Cruz de Ferro schleppen? Auf jeden Fall werde ich in den nächsten Tagen lernen, wie es auch ohne laut Packliste unverzichtbare Dinge geht. Und eins ist sicher: Der Rucksack ist leichter, die Last ist schon einmal unfreiwillig reduziert.

Ein abendlicher Stadtrundgang steht bevor, verbunden mit der Suche nach einem passenden Restaurant. Ich finde das schicke Restaurant vom letzten Jahr wieder, in dem die Ober alle wie Ozeankapitäne gekleidet sind. Der Flügel steht auch noch da, doch heute hat der Pianospieler wohl frei – schade.

Sonntag, den 06. Februar: Porto --> Vilar do Pinheiro

Für eine Übernachtung im Mannschaftsraum der Feuerwehr habe ich ruhig schlafen können. Erst kurz nach 8:00 Uhr mache ich mich auf den Weg. Die Schleife bis zur Kathedrale spare ich mir, da war ich gestern schon. Heute finde ich den ersten gelben Pfeil bei der Igreja do Carmo. Ich habe das gestern

bei meinem abendlichen Stadtrundgang schon ausgekundschaftet. Innen ist die Kirche mit vielen Seitenaltären prunkvoll ausgestattet. Ich denke an Mariannes Worte: „Wenn ich in eine Kirche gehe, setze ich mich eine Weile und versuche, mir vorzustellen, was die Menschen, die diese Kirche gebaut haben, sich dabei wohl gedacht haben. Und auch die Menschen, die seitdem bis heute darin gebetet haben." Es fällt mir schwer, diese prunkvolle, gut erhaltene Kirche neben den vielen halbverfallenen Häusern von Porto zu ertragen. Ich gehe weiter durch die am sonntäglichen Morgen ausgestorbene Stadt. An einer Kapelle strömen die Menschen aus dem Gottesdienst. Sie ist mit den für diese Gegend typischen blauweißen Kacheln gefliest. Ihre Schlichtheit passt besser zu meiner Stimmung oder sind es die Menschen, die dieses Gebäude gerade zum Leben erweckt haben?

Nach einer Stunde Marsch aus der Stadt hinaus der erste Café solo und ich merke etwas: Erinnerungen verändern die Wirklichkeit. Dieses Café ist in meiner Erinnerung vom Caminho des letzten Jahres viel größer gewesen.

Die Igreja do Carvalhido, eine wunderschöne blauweiß gekachelte Kirche ist leider geschlossen. Es geht endlos immer geradeaus die Straße entlang. Rechter Hand eine schöne Kapelle, leider ist auch sie verschlossen. Irgendwann ist Zeit für einen zweiten Café solo und der Anorak darf auch in den Rucksack. Es ist warm geworden über Mittag. Da ich im Winter kaum gelaufen bin und zudem auch noch „angespeckt" habe, will ich heute nur eine kleine Etappe bis Campos Verdes gehen. Dann laufe ich aber doch weiter und lande in einer kleinen Pension in Vilardo Pinheiro. Als ich den Kulturbeutel aus-

schütte, meldet sich mein Taschenmesser und ein Stein für das Cruz de Ferro. Welcher Kobold hat diese Sachen hierher gezaubert? Doch allein der Glaube, beide Steine wären zu Hause geblieben, hat meine Einstellung zu diesem Brauch geändert. Ich muss nicht mehr jedes Mal zum Cruz de Ferro gehen, wenn ich Last abwerfen möchte, ich kann das an jedem Ort der Welt tun. Doch diesem Brauch auf meiner ersten Pilgerfahrt nachgekommen zu sein, hat mir gutgetan und es war ein wichtiger Schritt auf meinem Weg, mit meinen Lasten umzugehen.

Nach dem Pflichtprogramm ist Zeit für eine verspätete Siesta. Die Klimaanlage macht einen Höllenlärm, eine Heizung wäre mir lieber. Ich habe heute über Tage nur Kaffee getrunken und das Wasser brav mitgeschleppt. Mein Körper beschwert sich jetzt. Katharinas trockener Kommentar am Telefon ist nur: „Wenn Du unterwegs schon trinkst, wird der Rucksack auch noch leichter." Das Restaurant, das ich mir beim Schwenk in diesen Ort ausgesucht habe, ist jetzt geschlossen. Also lande ich in einer Bäckerei und bekomme ein warmes Sandwich. Das reicht auch heute nach dem opulenten Mahl gestern in Porto. Die fehlende Lesebrille macht das Lesen im Führer zum Ratespiel und doch habe ich das Gefühl, meine Augen gewöhnen sich daran und mein Arm ist lang genug, das Buch zu halten. Ich berechne die Etappen: 10,7 Kilometer +11,7 Kilometer -2,4 Kilometer, die ich heute weiter gelaufen bin. Großzügig ermittle ich zwanzig Kilometer für die morgige Etappe. Das wird trotz meines untrainierten Zustandes gut möglich sein. Auf Rates freue ich mich schon: der zweifarbige Stempel, der schöne Aufenthaltsraum. Ob noch die CD mit der gregorianischen Musik da ist? Ich lasse mich überraschen. Heute war es teilweise sehr seltsam, durch ein fremdes Land zu laufen, jedoch Vertrautheit zu empfinden, als ich, wie vor einem Jahr, die Pferde auf der Weide vor der Skyline von Porto grasen sah, und die Hausnummer

2010 wiederzufinden, die mich letztes Jahr, weil einfach passend, so beeindruckt hat. Ich schätze den Luxus, den Weg noch einmal gehen zu dürfen. Wer hat schon das Glück, einen einmal beschrittenen Weg noch einmal gehen zu können?

Montag, den 07. Februar: Vilar do Pinheiro --> Rates

Im Hotel gibt es schon um 7:00 Uhr Frühstück mit Orangensaft, starkem Kaffee, Brötchen etc., mit allem, was mein Pilgerherz begehrt. Nur zweimal muss ich nachfragen und ich habe den Pilgerweg wiedergefunden, denn den Schlenker zurück zum Schild, an dem ich ihn gestern verlassen habe, möchte ich mir sparen. Dann geht es an einer viel befahrenen Nationalstraße ohne Seitenstreifen entlang. Rechts und links wird die Straße häufig durch hohe Mauern begrenzt. Oft drücke ich mich dicht an diese Mauern, um möglichst wenig Angriffsfläche für die Lastwagen zu bieten. Mein Verstand meldet sich: „Warum bist Du hier?“ Mein Bauch tut sich mit der Antwort schwer: „Weil es mir guttut.“ In Vilarinho bin ich schon kurz vor zehn Uhr und genieße einen Café solo und einen Organgensaft. Bis Rates sind es noch 11,7 Kilometer und bei meinem Schneckentempo heute wird das fast vier Stunden ohne Pausen dauern. Doch ich bin ja früh losgegangen, habe also Zeit genug. Das leise Ziepen meines Körpers kann ich ausgleichen, indem ich mal mit, mal ohne Stock gehe, den Rucksack mal nach links, mal nach rechts schwenke und so das Ziepen nie zu einem Schmerz werden lasse. Im Ort ist Markt und ich kann zwischen drei Obstständen wählen und mir zwei Bananen als Picknick aussuchen. Aus dem Ort hinaus geht es erst einmal noch die Straße entlang, aber jetzt auf einem Bürgersteig. Dann biegt der Weg rechts ab und ich gehe über die Ponte do Ave, eine alte Steinbrücke mit vielen Bögen. Die Kapelle rechts im nächsten Ort ist wieder geschlossen. Hinaus aus dem Wald läuft der Weg erneut an der Straße entlang. Ich mache mein Picknick wenig stilvoll auf einem Mäuerchen an einem kleinen Industriegebiet. Die Wanderwege durch den Wald oder an der Landstraße entlang wechseln sich ab. Alle Kirchen und Kapellen rechts und links vom Weg sind geschlossen. Dafür ent-

schädigt mich das Rauschen der Blätter im sanften Wind und das Gezwitscher der Vögel. Das Laufen geht automatisch, der Kopf ist wunderbar leer von allen Gedanken. Früher, als ich es vermutet habe, taucht Rates auf, die Kirche ist offen. Sie ist äußerst schlicht, doch gerade das gefällt mir. In der Kirche ist es feucht und kalt und so halte ich es nicht lange genug in ihr aus, um zu erahnen, was die Menschen, die sie erbaut haben und die seitdem in ihr beteten, empfunden haben mögen. Mich zieht es in die Sonne und vor einer Bar mache ich eine ausgiebige Pause. Es freut mich, dass ich bei einer Gruppe Frauen als Engländer durchgehe, weil ich auf die Frage „Do you speak English?" wahrheitsgemäß mit „Yes" antworte und mir den Nachsatz „But I'm German" spare. Es ist herrlich, die Nase in die wärmende Februarsonne zu strecken und den Tag Revue passieren zu lassen. Ich weiß, warum ich hier bin, weiß, dass auch das An-die-Mauer-Drücken, um von den Lastwagen nicht platt gefahren zu werden, dazugehört. Das ist der Unterschied zum Wandern auf landschaftlich traumhaften Routen. Beim Pilgern ist es wie im richtigen Leben – von allem etwas. Ich habe erkundet: Es ist erst kurz nach 14:00 Uhr. Der Laden, in dem ich den Herbergsschlüssel und den zweifarbigen Stempel bekommen kann, wird noch Mittagspause haben. Ich schalte also alle Gedanken ab (eben wollten sich alle meine privaten Baustellen melden) und konzentriere mich einfach aufs Wohlfühlen und das Sonnen. Was ist noch wichtig auf diesem Camino? Eine Kerze für Kirstin und das Fliegenpilzteelicht von Monika für diese anzünden und meine Verabredung mit Andrea in Tui. Ich merke, dass ich mich zu Hause fühle auf diesem Camino. Er ist mir vertraut und vor allem habe ich die Ruhe, den Augenblick zu genießen.

Nach der ausgiebigen Pause ist ein zweiter Besuch in der romanischen Kirche angesagt. Ich erahne etwas von der Zwiesprache, die Gläubige hier mit ihrem Gott gehalten haben, und dem Trost, den sie empfangen haben.

Dann mache ich mich die 600 Meter auf den Weg zur Herberge, kaufe im Lädchen gegenüber Picknick für morgen. Ich bekomme den Weg zum Bäcker erklärt, richte mich in der Herberge häuslich ein und setze mich im Hof in die Sonne. Zur Feier des Tages entzünde ich das Fliegenpilzteelicht zu

Monikas Ehren. Bis zum Abendessen habe ich noch viel Zeit und so zücke ich das „Peace“-Buch, das ich von Michelle für meinen Camino im Januar letzten Jahres bekommen habe. Seit dem Jakobsweg im September habe ich nicht mehr darin gelesen. Es ist halt mein Camino-Buch. Und es geht auch ohne Lesebrille ganz gut. Ich plane den morgigen Tag. Bis Barcelos sind es nur 15,5 Kilometer und 9,3 Kilometer weiter, in Portela de Tamel, soll es eine neue Herberge geben. Ich bin mittlerweile gut eingelaufen und so sollten die 25 Kilometer kein Problem darstellen. Vor allem bleibe ich beim Laufen warm. Als ich mich gerade auf den Weg zum Abendessen mache, kommt eine Pilgerin aus Thailand an. Sie ist auf dem Weg nach Fátima. Sie ist den Camino Francés gegangen und hat in Finisterre einen Monat Pause gemacht. Sie genießt es sichtlich, so viel Zeit zu haben. In der Bar erwartet mich ein gutes und reichhaltiges Pilgermenü und ein äußerst freundlicher Wirt. Das Gästebuch für Pilger ist interessant zu lesen. Zwei riesige Fernseher buhlen um die Gunst der Gäste. Mir helfen sie dabei, mich in die portugiesische Sprache hineinzuhören. Als ich wieder in die Herberge komme, sind noch drei andere Pilger da, zwei mit Hund. Gut, dass der Schlüssel Raum 3 öffnet und die beiden mit ihren Hunden dort nächtigen können. An sich sind Hunde in Herbergen nicht erlaubt, doch die beiden haben mich so höflich gefragt, dass ich nicht Nein sagen konnte, und so stören sie mich auch nicht.

Dienstag, den 08. Februar: Rates --> Portela de Tamel

Gegen acht Uhr stehe ich auf. Ich muss den Rucksack dreimal packen, denn ich habe vergessen, den Fotoapparat herauszunehmen und die Badelatschen hineinzutun. In der Küche ist mir zu viel Trubel und so entschließe ich mich, meinen Café solo und Orangensaft in der nahe gelegenen Bäckerei zu nehmen. In den letzten Tagen habe ich mir irgendwo einen leichten Husten eingefangen, wahrscheinlich bei der Übernachtung im Mannschaftsraum der Feuerwehr in Porto. Kurz vor neun Uhr geht es los. Fit sein ist anders. Doch ich habe viel Ruhe in mir. Gestern las ich im „Peace“-Büchlein einen Abschnitt über den Umgang mit Ärger. So wird es mir bewusst, dass ich mich über den Lärm einer Motorsäge ärgere, die die malerische Stille durchbricht. Doch nur so lange ist der Ärger da, wie ich die Motorsäge höre. Genauso geht es mir mit dem penetranten Bellen eines Hundes, aus den Ohren, aus dem Sinn. Ich habe mich verändert. Früher habe ich mir einen Ärger immer so lange aufgehoben, bis endlich der nächste da war. Heute kann ich auch ohne Ärger prima leben.

Letztes Jahr habe ich mir meine Pilgerfreunde als Begleiter auf dem Weg gedacht: Nina als Licht, Michelle als Lächeln der Blumen usw. Dieses Jahr kann ich den Weg einfach so gehen, ohne zu denken, ohne von meinen Pilgerfreunden indirekt umgeben und geschützt zu sein. Ich genieße dieses Gefühl, einfach nur zu sein.

Um 10:30 Uhr gestatte ich mir einen Schlenker weg vom Weg zu einer ausgeschilderten Bar. Freundlich wird mir ein Stempel für den Pilgerpass angeboten. Ich sammle die Stempel von Bars eigentlich nicht, da gestern aber so viele Kirchen geschlossen hatten, ist das vielleicht der Ausgleich. Und so habe ich eine Erinnerung an diese schöne Bar im Pilgerpass. Der Weg ist abwechslungsreich, mal durch Feld und Wald, mal an der Straße entlang. Ich habe mir ausgesucht, ihn zu gehen, und so versuche ich nicht zu bewerten, ob er schön oder weniger schön ist, ich gehe ihn einfach. Ich lasse den

Blick schweifen, freue mich über eine Blume oder darüber, wie die Sonne durch die Bäume strahlt. Hier und da kräht ein Hahn und ich höre Vögel zwitschern. Ich bin ganz im Augenblick, nehme wahr, lasse auf mich einwirken.

Die erste offene Kirche an diesem Tag ist in Carvalhal. Mein Bauch will verweilen, doch mein Verstand befiehlt: „Weiter!“, denn es ist feucht und kalt in der Kirche und das sollte ich meinem noch schwachen Husten nicht antun. Bald kommt die Kapelle Santa Cruz. Vor ihr auf einem Steinmäuerchen halte ich mein Mittagspicknick in der Sonne. Ich entdecke, dass sich Badelatschen auch wunderbar als Sitzkissen eignen. In Barcelos bin ich um 13:30 Uhr, gönne mir in der Kirche Bom Jesus da Cruz einen ausgiebigen Rundgang. Zum Hinsetzen ist es mir wieder zu kalt – schade. Es hat angefangen, leicht zu regnen, und so gönne ich mir einen Café solo und einen Orangensaft im nächsten Café. Trotz Regen will ich die knapp zehn Kilometer bis Portela de Tamel noch heute gehen. Ausgiebige Pausen und mein Schneckentempo eingerechnet, werde ich gegen 17:00 Uhr dort sein. Das ist früh genug. Ich befestige den linken Stock am Rucksack und mache den Regenschirm parat. Der geänderte Bewegungsablauf wird meinem „Fahrgestell“ guttun, denn ein bisschen melden sich die Hüfte und ein Knie. Die Entscheidung, keine Regenhose anzuziehen, ist auch richtig, denn es hört zwischenzeitlich immer mal wieder auf zu regnen. Irgendwann komme ich an der Herberge an. Auf die Uhr schaue ich nicht, denn ich bin ja da und werde von dem Hospitalero herzlich auf Englisch willkommen geheißen. Er trägt mir sogar meinen Rucksack ins Zimmer. Das ist auf dem Camino bisher nur in Rabanal vorgekommen. Das Restaurant gegenüber ist geschlossen. Der Hospitalero schickt mich 400 Meter weiter zu einer Frutería und einer Bar. In der Frutería decke ich mich ein, die Bar ist geschlossen. Ihm ist das auch aufgefallen, denn er kommt mir mit dem Auto nach und bietet mir an, mich zu einer Pizzeria zu fahren. Autofahren habe ich nicht auf dem Plan und so bleibt es heute Abend bei bescheidenem Brot und Wein. Ich bleibe wohl der einzige Pilger in der Herberge.

Ein nettes Gespräch mit dem Hospitalero Carlos über das Pilgern schließt sich an. Wir sind uns schnell einig: Das Pilgern tut gut, aber man kann kaum erklären, warum. Es ist der Luxus der Langsamkeit. Es ist, den Weg zu gehen, der gerade dran ist, egal, wie er beschaffen ist. Es ist, den eigenen Rhythmus zu finden, ohne Rücksicht auf jemand anderen nehmen zu müssen. Es ist ... Es ist der Weg zu sich – sei es religiös, spirituell, mental, sportlich.

Dann lasse ich mich vom frei zugänglichen Internet-PC verführen. Gut, dass ich vorgesorgt und keine Passworte für meine E-Mail-Accounts mitgenommen habe. Auch das Update meiner eigenen Homepage scheitert am fehlenden Passwort. Und so bleibt es beim Wetter, für das ich sowieso entsprechend ausgerüstet bin. Ich weiß es, habe es mir jedoch gerade noch einmal bewiesen, ich brauche das Internet auf meinem Camino nicht, denn es ändert sich nichts durch die Information, die ich erhalte.

Um 20:15 Uhr ist es besiegelt, Carlos verabschiedet sich und ich habe die 35-Betten-Herberge für mich alleine. Besser konnte ich es wirklich nicht antreffen.

Mittwoch, den 09. Februar: Portela de Tamel --> Ponte de Lima

Die erste Frage des Tages ist: Regenhose oder keine? Ich genieße es, ohne Rücksicht auf andere Pilger meine Sachen malerisch im ganzen Zimmer verteilt zu haben. Meine Wäsche ist über Nacht wieder nicht trocken geworden. Ob sie es tagsüber am Rucksack schafft, ist auch fraglich, denn ich werde dem Rucksack den Regenüberzug gönnen. Um 6:00 Uhr hat die direkt neben der Herberge stehende Kirche mit ihrem Lautsprechergeläut begonnen. Doch ich bin früh ins Bett gegangen und so stehe ich jetzt auch früh auf. Bis Ponte de Lima sind es 24,3 Kilometer, also ungefähr genau so weit wie die Etappe gestern. Und so lasse ich mir in der Herberge Zeit zum Frühstück, Zeit, um in Ruhe zu packen. Als ich losgehe, regnet es gerade einmal nicht. Die Kirche gibt die Uhrzeit: 8:30

Uhr. Der Weg ist ruhig und schön, die Entscheidung für Schirm und gegen Regenhose auch genau richtig. Es geht auf Nebenstraßen und Feldwegen an vielen Orten vorbei. Malerische alte Brücken überspannen die Flüsse. Gerade als mir nach einem Café solo zumute ist, taucht an einer Weggabelung das Schild einer Taberna auf. Den Umweg von zweimal 300 Metern ist der Kaffee wert. Die Uhr in der Bar zeigt mir noch die Zeit an: 11:00 Uhr. Sogar den Ortsnamen finde ich im Führer, die Hälfte der Tagesetappe ist geschafft. Auch der Wirt kommt auf zwölf Kilometer bis Ponte de Lima. Jetzt bleibt die einzige offene Frage, ob es mein Hemd am Rucksack schafft, in den nächsten Stunden trocken zu werden, denn ich habe nur zwei Hemden dabei.

Am Nachmittag macht der Regen selten Pause. So spule ich meinen Weg ab und meine Sicht ist eingeengt durch den Regenschirm. Ich komme mir vor, als ob ich mit Scheuklappen durch die Landschaft ziehe. Linker Hand ein mächtiges Zwitschern. Ein riesiger Vogelschwarm hat sich auf den Bäumen und Hochspannungsleitungen niedergelassen und wechselt mit hörbarem Flügelbrausen die Standorte. Rechter Hand taucht eine Kapelle auf, eine kleine „Veranda" ist überdacht und so mache ich auf dem Mäuerchen meine Pause. Müßig zu sagen, dass die Kapelle leider geschlossen ist. Gefühlte drei Kilometer später ist dagegen eine Bar offen. Café solo, Orangensaft, Uhrzeit (13:40 Uhr) und Entfernung bis Ponte de Lima (drei Kilometer) bekomme ich hier und kann etwas trocknen.

Als die Kirchenglocken drei Uhr schlagen, sehe ich Ponte de Lima vor mir liegen. Den Weg zur Herberge habe ich gut in Erinnerung. Ich finde sie, jedoch ist sie noch geschlossen. Man macht hier erst um 16:00 Uhr auf. Also zurück über die schöne 277 Meter lange Brücke in die Stadt in ein Café. Ich bin zufrieden, wie gut mein Körper diese Pilgerfahrt bisher mitmacht, bin zufrieden, so wenige Gedanken nach hinten und vorne zu richten und einfach nur im Hier und Jetzt zu sein. Und es ist schön, sich in einer fremden

Stadt heimisch zu fühlen. Dabei war ich letztes Jahr nur ein paar Abendstunden hier. Vielleicht liegt es einfach nur daran, dass ich mich heute so gut auf den Augenblick einlassen kann. Beim Pflichtprogramm in der Herberge merke ich, dass ich mein Haarwaschmittel in der letzten Herberge vergessen habe. Im Supermarkt gibt es Ersatz, allerdings in der normalen Größe, also 200 Gramm Zuladung gegenüber meiner vergessenen Miniflasche. Bei der Restaurantauswahl lasse ich mir Zeit und verlasse mich nicht auf den Führer, sondern nehme die Lokalitäten kritisch in Augenschein. Gestern hatte ich nur Picknick in der Herberge, morgen wahrscheinlich auch, denn ich kenne die Herberge, die „in the middle of nowhere" liegt. Doch ein paar hundert Meter weiter gibt es einen urigen Supermercado, jedenfalls war das letztes Jahr so. Also ist heute die „Ich-gönne-mir-was"-Variante dran. Eine Stunde habe ich noch Zeit, bis das Restaurant meiner Wahl öffnet. Zeit für einen Abschnitt im „Peace"-Buch. Heute verbinde ich Peace mit Willy Brandt. Ich bin geprägt von seiner Zeit als Regierender Bürgermeister von Berlin. Die Gedanken an Berlin kommen bei mir immer, wenn ich über meine Heimat nachdenke. Als Jugendlicher habe ich es seinerzeit so formuliert: „Ich fühle mich als Berliner und dann als Europäer." Was fühle ich heute? Aus dem Berliner ist ein Wahlscheider geworden, der Europäer ist geblieben. Auch wenn ich sehe, was noch alles im Denken der Menschen geschehen muss, so sehe ich doch die riesigen Schritte in Richtung Frieden, die ich während meines Lebens in Europa erleben konnte. Mein Vater hat zwei Weltkriege überleben dürfen. Er hat mich zu einem waschechten Pazifisten erzogen. Ein Lächeln ist die stärkste Waffe.

In der Bar, in der ich bis 19:00 Uhr warte, um mein Restaurant aufzusuchen, wetteifern wieder zwei Fernseher und ich merke, dass ich die Sprache zwar immer noch nicht kann, doch verstehe, worum es geht. Mir fällt ein, dass ich einmal von meinen japanischen Chefs bei einem Meeting in Japan zur Ordnung gerufen wurde, weil ich nicht die Übersetzung vom Japanischen ins Englische abgewartet hatte. Und so korrigiere ich meine Aussage, dass ich zwei Sprachen verstehe, zu drei Sprachen: die „body language" kann ich auch, sprechen und verstehen. Was mich wieder zum Ausgangspunkt bringt: Wenn die body language „Frieden" spricht, ist Frieden. Step by Step.

Mir fällt Anna vom Camino Francés ein, die in der Zwischenzeit in Afghanistan und im Irak war und jetzt in Israel arbeitet. Ich glaube, dass andere Wege gefunden werden sollten, Frieden zu schaffen und zu sichern, als mit Waffen. Willy Brandt hat mit seinem Kniefall einen Weg aufgezeigt.

Doch zurück zu den wichtigen Dingen des Pilgeralltages: Ich habe wieder zu wenig Wasser getrunken, obwohl ich es mit mir herumgeschleppt habe. Im Restaurant meiner Wahl angekommen, werde ich kurze Zeit später vom Kellner in Deutsch angesprochen. Ich müsste mich freuen, doch ich war in Gedanken gerade so gut europäisch unterwegs. Aber ist es nicht gerade das: in Ponte de Lima auf Deutsch angesprochen zu werden? Wie kann man das zusammengewachsene Europa besser beschreiben?

Beim Hauptgang fällt mir auf, ich habe die Restaurantsuche gar nicht mit „Ineke-Time“ benannt. Das ist ein gutes Zeichen. Meine Freunde sind sowieso immer bei mir, und mir das beste Restaurant am Platze auszusuchen und zu gönnen, schaffe ich mittlerweile auch alleine. Doch ich werde nie vergessen, dass ich das von Ineke gelernt habe.

In der Herberge angekommen, bin ich noch immer der einzige Pilger dieser Nacht. Allen Pilgerwilligen, die Angst vor überfüllten Herbergen haben, sei diese Jahreszeit empfohlen.

Donnerstag, den 10. Februar: Ponte de Lima --> Rubiães

Heute ist mir nach Trödeln zumute. Es sind nur 17,1 Kilometer bis Rubiães. Gestern habe ich Postkarten gekauft, mal sehen, wo ich Briefmarken auftreibe. Meinen mitgebrachten Stein will ich heute am Franzosenkreuz ablegen. Der Ort ist symbolisch genug und ich bin den Stein endlich würdevoll los. Ich habe das Gefühl, dass ich diesmal den Camino Francés nicht zurückgehen werde, wie ich es letztes Jahr bis Astorga getan habe und auch bis León beim Start dieses Jahr noch vorhatte. Vielleicht wird es Finisterre oder auch einfach nur Santiago. Ich werde mich, wie ursprünglich im Oktober geplant, vom Augenblick leiten lassen und merken, wann „zu Hause“ dran ist.

Heute schlendere ich ganz gemütlich die Feld- und Waldwege entlang, umgehe lang gezogene Wegüberschwemmungen, lausche dem Rauschen eines Baches und den Vögeln und bin langsam genug, auch die Blumen am Wegesrand wahrzunehmen. In der Bar, in der ich letztes Jahr meine Regenhosengeschichte mit Michelle aus Pamplona zum Besten gegeben habe, ist ein anderer Wirt. Doch Kaffee und Orangensaft schmecken genauso gut. Heute hat sich die Sonne gezeigt, das ist angenehm für den bevorstehenden Aufstieg von 400 Höhenmeter. Ich freue mich, ein Ziel für meinen Lastenstein in vertrauter Umgebung gefunden zu haben. Zwei Lastensteine habe ich noch zu Hause liegen. Gut, dass ich sie nicht auch so weit tragen muss, sondern mir sicher bin, bald einen passenden Ort zum Abwerfen auch dieser Steine zu finden.

Um 11:30 Uhr ist eine winzige Kapelle offen, daneben auch der noch winzigere Supermarkt und eine verschlafene Bar. Doch ich bekomme alles, wonach mir ist: einen Augenblick der Besinnung, meinen Café solo und einen Orangensaft. Das Pilgerleben ist herrlich. Es geht gemütlich weiter durch Wald und Flur. Langsam rücken die Berge näher. Ich krieche im Schneckentempo den Bergweg entlang, hebe hier und da einen Stein auf und deponiere ihn auf einem der nächsten Wegmale, die hier schon von vielen Pilgern angehäuft wurden. Dann fällt mir mein Lastenstein ein. Warum will ich den denn eigentlich bis zum Franzosenkreuz schleppen? Am nächsten Steintürmchen mache ich halt und lege meinen Lastenstein andächtig ab. So mögen meine Lasten für immer an diesem namenlosen Ort bleiben und mich nicht weiter behelligen. Auch wenn der Stein nur ein paar Gramm wog, der Rucksack erscheint jetzt viele Kilo leichter. Am Franzosenkreuz mache ich kurz Pause und krieche dann langsam und stetig den mitunter recht steilen Bergsteig entlang. Beim Abstieg bin ich vorsichtig, denn einige Steine sind ziemlich glitschig. Meine Bergerfahrung kommt mir zugute. Schon kurz nach 14:30 Uhr erreiche ich die Herberge. Dann bin ich unterwegs doch schneller gewesen, als ich es wollte. Ich setze mich draußen vor der Herberge in die wärmende Februarsonne und genieße den Tag. Eine Stunde später ist mein Entschluss gefasst, noch einmal ca. zwei Kilometer zurückzugehen. Der deutliche Schimmelgeruch in der Herberge ist mir zu intensiv und ich habe auf den letzten Metern Hinweisschilder auf eine Pension gesehen. Warum braucht mein Verstand immer so lange, bis er meinen Bauch versteht. Ich hatte den Rucksack ungeöffnet abgestellt, die Wanderschuhe angelassen. Jetzt

brauche ich also nur den Rucksack zu greifen. Für 15 Euro kann ich in der Pension schimmelfrei übernachten und bekomme auch noch ein Frühstück. Allerdings sind es jetzt drei Kilometer bis zum nächsten Restaurant. Ich schlage das Angebot der Wirtin, einen Fahrdienst zu organisieren, nicht aus, denn im Dunkeln die Landstraße entlangzulaufen, ist ein zu gefährliches Abenteuer.

Im Restaurant angekommen, plane ich den morgigen Tag: 15,3 Kilometer bis Valença und weitere vier bis Tui. Mit Andrea habe ich eine SMS ausgetauscht und das schon lange geplante Treffen für morgen Abend wegen der Herbergsöffnungszeiten von 21:00 Uhr auf 19:00 Uhr vorverlegt. Doch ich habe etwas von einer privaten Herberge gelesen, die erst um 23:00 Uhr schließt. Und vielleicht ist mir morgen wieder nach Hotel zumute? Ich befehle meinem Verstand, schneller und sorgsamer auf meine Bauchgefühle zu hören. Mal sehen, ob ich morgen die Muße habe, Andrea eine SMS zu schreiben. Das wäre dann schon No. 2 auf diesem Camino. Schön ist die Bestellung in diesem Restaurant. Meine drei Worte Portugiesisch sind mehr, als die Dame auf Englisch oder gar Deutsch kann. Eine Speisekarte gibt es auch nicht. Und so erzählt sie, ich picke heraus, was ich verstehe, und sie unterlegt jedes ihrer Worte mit erläuternden Gesten. Pilger haben eine Sonderstellung und werden zuvorkommend und mit viel Wohlwollen und Geduld behandelt. Fast möchte ich vermuten: Man ist stolz darauf, Pilger auf ihrem Weg nach Santiago zu unterstützen. Stolz präsentiere ich auch meine Lieblingsvokabel „obrigado" („danke"). Irgendwie scheint Freude in meiner Art zu liegen, dieses Wort auszusprechen, denn ich ernte fast immer ein freundliches Lächeln.

Freitag, den 11. Februar: Rubiães --> Tui

Heute endlich einmal ein fast schöner Sonnenaufgang. Es ist windig, die Wolken ziehen schnell, lassen keinen Regen herunter. Ich schleiche durch die schöne portugiesische Landschaft. So richtig in Gang bin ich heute Morgen noch nicht. Eindeutig schiebt mein Verstand das auf die gestrige Unterbrechung meiner Pilgerfahrt durch die Autofahrten zum Restaurant hin und zurück. Mein Verstand ist zufrieden, es gibt einen Grund, und er fragt gleichzeitig: Muss es überhaupt einen Grund geben oder reicht es nicht schon, es zu merken und sich darauf einzustellen? Mit dieser Lösung ist dann auch mein Bauch zufrieden und wie auf Bestellung taucht eine Bar für einen Café solo und einen Orangensaft auf. Meine Pause fällt deutlich länger als sonst aus. Ich komme mit einem Portugiesen ins Gespräch, der den Caminho schon öfter gegangen ist. Die Lebensgeister sind geweckt, mein Schritt ist beschwingt auf dem weiteren Weg. Doch dann fehlen meine Stöcke, also noch einmal beschwingt zurück. Pilgern ist so zur Routine bei mir geworden, dass ich manchmal vergesse, welch einen Luxus ich mir da leisten kann. Um 11:30 Uhr taucht wieder eine Bar auf und ich gönne mir die üblichen Getränke und eine kurze Pause. Um zu ermitteln, wo ich mich hier befinde, bin ich zu faul. Gemütlich schlendere ich den schönen Weg weiter. Die nächsten Häuser, darunter auch eine Bar, tauchen auf, ein Vorort von Valença. Bis zur Stadtmitte sind es nur noch zwei Kilometer. Jetzt ist es erst Viertel nach eins. Für die vier Kilometer von Valença nach Tui werde ich dann aber zwei Stunden brauchen. Eine zum Laufen und eine Stunde Zeitverschiebung, die zwischen Portugal und Spanien besteht.

Die halbe Stunde entlang der Einfallstraße nach Valença verkrafte ich gut. Ich biege links zur Stadt ein, denn diesmal will ich mir die Festungsanlage und die Stadt anschauen. Wie auf Kommando fängt es an zu regnen. Dafür haben

eine Kapelle und eine Kirche geöffnet. Ich verweile und danke, dass ich den portugiesischen Teil meines Caminos so gut geschafft habe. In der Bar neben der Kirche mache ich Pause und bemerke, dass mein Stift weg ist. Also borge ich mir einen von der Bedienung und habe einen neuen Punkt auf meiner Einkaufsliste. Ich schlendere durch die historische Innenstadt, die innerhalb der Festungsanlage liegt. Ich bin über mich selbst erstaunt, wie viel Ruhe ich heute habe. Irgendwann kommen mir alle Häuser bekannt vor und ich beschließe, mich auf nach Spanien zu machen. Es ist wieder ein Erlebnis, die lange Brücke über den Grenzfluss zu gehen. In Tui brauche ich drei Anläufe, um die dicht neben der Kathedrale gelegene Herberge zu finden, aber dafür kenne ich mich jetzt wieder in der Innenstadt aus. Der Hospitalero erkennt mich wieder und beim Einkauf des Stiftes zaubert die Verkäuferin eine Menge deutscher Brocken hervor. Ich gehe ins mir vertraute Café „Museu" und fühle mich zu Hause. Andrea kommt auf den Gongschlag und nach einem Kaffee machen wir uns auf Restaurantsuche. Sie schlägt vor, ein Stückchen mit dem Auto zu fahren, und ich stimme zu. Das Stückchen entwickelt sich zu einem ausgewachsenen Stück. Doch die Fahrt hat sich gelohnt, ein kleines, gemütliches Tapas-Restaurant erwartet uns. Der unter Pilgern so oft übliche intensive Kontakt ist direkt wieder da. Wir geben und wir bekommen gegenseitig etwas zurück in unserem Gespräch. Zurück fährt Andrea schneller und das ist auch gut so, die Kathedrale schlägt zehn Uhr, als ich vor der Herberge im Laufschritt eintreffe. Ein gelungener Abend wäre untertrieben zu sagen.

Samstag, den 12. Februar: Tui --> Redondela

Wieder bin ich in der Herberge allein, was mir guttut. Die Herberge hat keine Küche und man muss sie um acht Uhr morgens verlassen haben. Also habe ich kein Picknick für den Morgen eingekauft, sondern suche die erste offene Bar auf. Ich bekomme frisch gepressten Orangensaft. Als ich den Führer lese, kommt mir die Idee, heute gleich bis Redondela durchzulaufen. In O Porriño und Mos kann ich diese Entscheidung ja noch einmal überprüfen, denn dort sind auch Herbergen. Es ist heute ein kühler, trüber Tag, genau das richtige Wetter für einen 30-Kilometer-Marsch. Der Weg ist schön. Er geht zwar einmal lange an der Straße entlang, die ist aber an diesem

Morgen kaum befahren und es ist ein roter Seitenstreifen als Fußweg markiert. Genau zur richtigen Zeit tauchen Hinweisschilder für eine Bar auf. Mindestens sieben Stück zähle ich auf dem nächsten Kilometer. Das so toll angepriesene Freizeitzentrum mit Bar ist geschlossen. Ein paar Schritte weiter dann hätte ich beinahe die schöne, kleine Bar übersehen, denn sie hat kein Hinweisschild. Es ist Viertel vor elf, ich habe keine Ahnung, wo ich bin. Es wird schon passen. Ich habe ja für heute drei Optionen als Herberge und die Sicherheit, mir ein Hotel nehmen zu können, ist auch noch da. Um 12:30 Uhr bin ich in O Porriño. Zwei offene Kirchen direkt nacheinander entschädigen für die letzten Kilometer durch das Industriegebiet und die Einfallstraße in den Ort. Endlich einmal nicht nur die Diodenkerzen, sondern man kann echte Kerzen anzünden, und ich denke an mein Versprechen an Kirstin und zünde eine Kerze nur für sie an. Bei der Bar kann ich wählerisch sein. Auf meinem Einkaufszettel stehen Briefmarken, denn die Postkarten trage ich schon seit Portugal mit mir herum. Eine Teilentscheidung über den Zielort für heute ist auch gefallen. Es geht mindestens die 5,3 Kilometer weiter bis Mos. Dort treffe ich kurz nach 14:00 Uhr ein. Die Herberge sieht zwar sehr gepflegt aus, doch der Ort ist winzig. Was soll ich hier den ganzen Nachmittag und Abend mit mir anfangen. Also studiere ich noch einmal den Führer, ja, nur 9,4 Kilometer bis Redondela. Mein Körper stimmt auch zu und so geht es nach dem Stopp für Café solo und Orangensaft weiter. Ich habe das Gefühl, heute geht es nur bergauf. Ich schlendere mittlerweile nur noch in der Jacke durch die schöne galicische Landschaft. Ein Blick seitwärts und nach hinten bestätigt, ich bin in den Bergen. Hoch sind sie wohl nicht, aber urtümlich. Immer ist ein Haus oder ein Strommast im Wege, wenn ich ein Panoramafoto machen will. Ein römischer Meilenstein erinnert daran, dass der Caminho hier entlang einer alten Römerstraße verläuft. Ich schwenke zu einer Bar ein, ich erkenne sie vom letzten Jahr wieder. Doch ich habe keine Ahnung, wo sie liegt. Dafür bekomme ich die Zeit: Viertel vor vier. Das genügt mir, denn in Mos habe

ich 17:00 Uhr als wahrscheinliche Ankunftszeit in Redondela errechnet. Gut vier Kilometer also noch. Ich bin stolz auf meinen Körper, der jetzt, ohne zu murren, dreißig Kilometer Tagesetappe mitmacht. Ein Herr am Nebentisch fragt mich, ob ich Englisch spreche, ja klar. Er zupft mich am Arm weiter ins Restaurant hinein. Dort sitzt seine Frau, eine Engländerin. Beide sind vor einigen Jahren den Caminho zu Pferd geritten. Wir schwärmen uns gegenseitig etwas von unseren Caminos vor. Ein kurzer Schock, als ich von fünf Kilometern spreche und die Frau auf zehn Kilometer bis Redondela erhöht. Ein Mann am Nachbartisch erlöst mich von meinem Schock: Fünf Kilometer sind richtig. Als Ausgleich wird meine Rechnung von den Herrschaften übernommen. Ich lerne, dass die Hochbahn von Redondela von Herrn Eiffel gebaut wurde und er nie sein Honorar bekam, weil die Stadtväter der Meinung waren, dass so etwas nicht halten könne. Meine Pause wird länger als üblich, denn bevor ich weitergehe, muss ich noch eine Runde zur Ruhe kommen. Erst Viertel vor fünf breche ich auf. Neue geplante Ankunftszeit: 18:00 Uhr, doch wer weiß, was der Caminho noch an netten Überraschungen zu bieten hat.

Heute – bis jetzt – keine mehr, denn zehn Minuten vor sechs bin ich angekommen. Die Herberge ist so gut und sauber, wie ich sie in Erinnerung habe. Noch bin ich auch hier der einzige Pilger. Das Pflichtprogramm ist auch routinemäßig schnell erledigt und dann braue ich mir in der kleinen Küche meinen Kaffee und setze mich in die Bibliothek. Heute ist wieder einmal ein Abschnitt im „Peace"-Büchlein dran. Doch erst die Pflichtlektüre, der Führer für morgen. Mal sehen, ob ich wieder eine lange Etappe machen kann. Die dreißig Kilometer heute haben mir gutgetan. Bis Pontevedra sind es nur 17,3 Kilometer, doch die Herberge ist super. Dann 11,7 Kilometer weiter in Portela gibt es die nächste Herberge, die aber hat keine Heizung. Noch einmal 6,4 Kilometer weiter in Briallos, da habe ich letztes Jahr vor verschlossener Tür gestanden, also noch einmal 4,8 Kilometer weiter bis Caldas de Reis? Dort ist es auch unsicher, ob es eine Herberge gibt, der Führer listet Pensionen auf. Ich merke, heute werde ich nicht entscheiden, sondern mich morgen in der Herberge in Pontevedra schlau machen. Doch wenn ich zusammenzähle, sind es bis Caldas de Reis vierzig Kilometer. Das ist auf jeden Fall zu viel. Es hat auch Nachteile, sich auszukennen und vorab im Führer zu lesen. Letztes Jahr bin ich ganz unvorbelastet hier entlanggegangen. Zugegeben, das Wetter hatte da kurze Etappen mit langen Umwegen nötig gemacht. Ich merke, dass mir die abendlichen Gespräche mit anderen Pilgern fehlen. Daher wollte mein Bauch wohl auch so weit, denn drei Pilger sind mir einen Tag voraus. Doch der Camino ist kein Wettrennen, meine Füße alleine entscheiden, wie weit es an einem Tag geht. Und ich lerne wieder einmal: So, wie es ist, ist es gut. Das gilt auch heute für das Restaurant. Ich bin fast eine Stunde durch die Stadt gelaufen, um meine Wahl zu treffen. Sie ist pilgergerecht ausgefallen: einfaches Ambiente, gutes und reichhaltiges Essen. Man holt sogar den Koch aus der Küche, weil der am besten Englisch spricht.

Sonntag, den 13. Februar: Redondela --> Pontevedra

Wieder geht mein Wecker im Handy heute schon um 7:15 Uhr, denn gestern habe ich mir eine Viertelstunde mehr Schlaf gegönnt und dafür die letzten fünf Minuten des Losgehens in völliger Finsternis erledigen müssen. Die Zeitschaltuhr der Herberge in Tui ging pünktlich und das Licht war, klatsch, um 8:00 Uhr aus. Heute sitze ich um fünf vor acht bereits in einer Bar und habe meinen Café solo und Organgensaft vor mir. Für einen Sonntagmorgen ist hier schon erstaunlich viel Betrieb. Die Wetterkarte im Fernsehen stimmt mit dem Wetter draußen überein: Regen. Ich lasse die Regenhose vorsichtshalber im Rucksack, vielleicht überzeugt das ja den Regen, nicht zu heftig zu werden. Diese Verabredung mit Petrus klappt nicht. Ich bin ordentlich nass, als ich um Viertel nach zehn in Arcade in eine rappelvolle Bar einschwenke. Gerade habe ich ein Schild gelesen: Redondela 5,5 Kilometer und Pontevedra 16 Kilometer. Ich ziehe den Führer zurate und der bleibt bei 17,3 Kilometern insgesamt. Bei dem Wetter reicht mir das auch für heute. Warum habe ich gestern bloß so viel Zeit verschwendet, mir die Kilometerangaben herauszusuchen? Nun, ich hatte die Zeit ja. Und es tut gut zu wissen, dass ich in drei Tagen in Santiago bin, heute nicht

eingerechnet. Den großen Drang, den Camino Francés bis Astorga oder gar bis León zurückzugehen, verspüre ich diesmal nicht. Auch Fisterra reizt mich um diese Jahreszeit nicht – heute, das liegt wohl am Wetter – heute. Mal sehen, was mein Gefühl morgen sagt, mal sehen, was mein Gefühl in Santiago sagt. Habe ich es gut, ich muss nichts, noch nicht einmal mich an meine Pläne halten. Ich kann jeden Tag neu planen, jeden Tag neu geschehen lassen.

Doch jetzt geht es erst einmal in Regenhosen ein paar Stunden weiter. An einem Gestell mit Jakobsmuscheln kann sich jeder Pilger eine Muschel aussuchen und beschriften. Der Himmel hört auf, sein Nass auszuschütten, und ich komme bei der Kapelle Santa Marta an. Die Kapelle ist schlicht, genau so, wie ich Kirchen und Kapellen mag. Ich setze mich in eine Bank und lasse die Ruhe des Raumes auf mich einwirken. Ich blicke zurück auf die Tage ab Porto. Ich habe viel Ruhe auf diesem Camino in mir gespürt, habe fast immer im Augenblick gelebt und meine Umgebung auf mich wirken lassen, war nur selten abgelenkt von „großen" Gedanken. Für einen Rückblick ist es zu früh, doch ich kann jetzt schon sagen: Die Zeit bis jetzt hat mir gutgetan.

Um 14:00 Uhr bin ich an der Herberge, die erst um vier Uhr aufmacht. Also gehe ich in die Stadt, suche mir eine gute Bar (vor der Bar gegenüber der Herberge hatte meine Pilgerfreundin Martina eindrücklich gewarnt). Ich bin versucht, doch noch weiterzugehen. Ich könnte einen Tag früher, dann abends in Santiago ankommen. Ich entscheide mich, doch hierzubleiben und einen ruhigen Städtetag einzulegen. Letztes Jahr waren hier zwei Kirchen geöffnet. Nach dem Einchecken in der Herberge und dem Pflichtprogramm werde ich sehen, ob sich das gute Gefühl, das ich auf dem Weg in einigen Kapellen hatte, hier noch einmal wiederholen möchte. Dass ich für mein Zwiegespräch mit meinem Gott das Gebäude Kirche nicht brauche, habe ich mir auf meinem Camino letztes Jahr erpilgert. Viele Kirchen sind für mich auf diesem Weg verschlossen gewesen. Viele habe ich als geschichtlich bedeutende Gebäude erlebt. Wenige nur haben das für mich ausgestrahlt, was ich in einer Kirche suche: schlichte, geschmackvolle Ruhe für das Auge und alle meine Sinne. Mein Gott ist ein schlichter Gott, er spricht zu mir durch den Händedruck eines Bauern hier am Weg, mit dem ich nur eine Sprache gemeinsam spreche, die Sprache des Herzens: „Auf nach Santiago!"

Lieber laufe ich acht Kilometer, als zwei Stunden zu warten. Die Musik in der Bar ist zwar gut, aber die Stille des Waldes wäre mir jetzt lieber. Also doch jetzt schon ein Rundgang durch die Stadt mit Rucksack? Ich lande nur in der nächsten Bar, die hat aber sanftere Musik. Dann geht's endlich zurück zur Herberge. Ich erfahre, dass die hier abends schon um 20:30 Uhr schließen, also gemütliches Abendessen ade! Ich lege meinen Rucksack trocken, trotz Plastiktüte ist mein Schlafsack etwas nass geworden. Dann wieder ein Anlauf in die Stadt. Ich bekomme den Weg erklärt und einen Stadtplan in die Hand gedrückt. Die drei wichtigsten Kirchen werden für mich markiert. Um 18:00 Uhr soll in der Basilika eine Messe sein. Auf dem viertelstündigen Weg in die Stadt erwischt mich ein Hagelgewitter. Die erste Kirche ist Santuario de la Virxe Peregrina. Die Jakobsmuschel ist in allen Ausprägungen überall vertreten, an den Bänken, an den Beichtstühlen, an der Tür. Die Klosterkirche San Francisco ist eine große Kirche mit vielen Seitenaltären und schönen Buntglasfenstern. Doch mir ist sie insgesamt zu dunkel. Die Basilika Santa Maria A Grande ist beeindruckend. Für mich waren, das merke ich jetzt, während ich in der Basilika der Musik einer CD lausche, die drei Kirchen nur kulturelles Pflichtprogramm. Zu Hause gefühlt habe ich mich heute in der kleinen Kapelle Santa Marta am Wegesrand.

Die Messe schenke ich mir heute. Ich werde pünktlich in Santiago zur Mittagsmesse sein. Zum Abendessen gibt es nur ein Bocadillo, denn die Restaurants machen erst auf, wenn ich schon längst in der Herberge sein muss. Die Option, selber zu kochen, schließe ich aus. Auch heute fällt der fast tägliche Anruf bei Katharina in der Heimat gut aus. Befindlichkeiten unserer Mütter, einiges von der gelben Post, Ärgerliches, aber nichts Unerwartetes. Es wird meine Ruhe auf dem Camino nicht stören: besser sogar – diese Art von Post wird mich nie mehr stören. Ich werde die Arbeit, die sie produziert, in aller Ruhe abarbeiten. Allein für diese Erkenntnis hat sich der Camino gelohnt. Spontan fallen mir die Abschiedsworte von Andrea in Tui ein: „Du hast meine Nummer, wenn etwas ist, ich bin in spätestens einer Stunde da."

Der Camino hat mir viele Freunde geschenkt und auch dafür hat er sich gelohnt.

An meiner ganz individuellen Vorstellung von Gott, die in Worte zu fassen ich im letzten Jahr so intensiv probiert habe, hat dieser Weg nichts geändert. Es gab keinen Handlungsbedarf. Langsam wächst wieder ein Verständnis für das Gebäude Kirche, das mir so völlig abhanden gekommen war. Es hat viel mit Toleranz dafür zu tun, dass andere Menschen etwas anderes brauchen als ich. Der überdachte Vorplatz einer Kapelle hat mir in den letzten Tagen oft einen willkommenen Rastplatz geboten. Wenn ich in eine Kirche hineingegangen bin, fühlte ich mich oft mit nassem Rucksack, Regenschirm und dann noch das Tagebuch zückend fehlplatziert. Außer heute bei der Kapelle Santa Marta. Da saßen übrigens letztes Jahr Magda und Andrea auf den Steinbänken vor der Tür und unterhielten sich mit Bauern, als ich dort einlief. War es das? Bin ich deshalb den Caminho Português dieses Jahr noch einmal gegangen? Für diesen Augenblick? Und wenn es nur dafür gewesen sein sollte, der Augenblick war es wert.

Mein Stift aus Tui tut es nicht mehr und so bitte ich die drei Spanier, die die Herberge betreuen, um einen Stift. Diese Herberge wird von Freiwilligen geführt und ich bekomme gleich zwei Stifte, einen davon geschenkt. „Muchas gracias!"

An sich wollte ich von einem Abschnitt aus dem „Peace"-Büchlein schreiben. Immer noch bin ich beim Abschnitt „Ärger". Der Abschnitt heute passt zu meinem Umgang mit meiner Post daheim.

Montag, den 14. Februar: Pontevedra --> Caldas de Reis

Wieder geht der Wecker um 7:15 Uhr. Den Rucksack in Ruhe zu packen, ist mir wichtig. Dann kommt wieder das aufregende Zuziehen der Herbergstür hinter mir, denn erstens merke ich erst heute Abend, wenn ich etwas vergessen habe, und zweitens würde ich auch erst um 16:00 Uhr wieder in die Herberge kommen. Bis zur Stadt und dem damit verbundenen Frühstück ist es nur eine Viertelstunde. Es ist mir wichtig, unter Menschen zu sein. Große Teile meines Kaffeepulvers werde ich also wieder mit nach Hause bringen. Diese paar Gramm haben mir auf der ganzen Pilgerfahrt immer die Freiheit gegeben, mir in einer Herberge einen Kaffee selber zu brauen. Das war das Gewicht wert. Ich rechne: Jetzt bin ich bei Kilometer 65 vor Santiago, bis Caldas de Reis sind es 23 Kilometer. Ich werde also bei

Kilometer 42 dort ankommen. Seit Tui stehen Kilometersteine mit Muschel am Wegesrand. Wenn von den Souvenirjägern nicht mitgenommen, ist die Entfernung bis Santiago auf einem Metallschild angegeben. In diesen Tagen schätze ich die Information, wie weit es noch ist. Der Weg ist am Vormittag ausgesprochen schön. Habe ich gestern noch die Kilometerangaben auf den Meilensteinen geliebt, so fange ich heute an, sie zu verfluchen. Denn es geht einfach nicht voran. Um fünf vor elf ist eine Bar zur Stelle und ich mache eine kurze Pause. Ich bin froh, gleich wieder an der frischen Luft zu sein. Bisher hat es nur wenig geregnet, doch es ist recht kalt. In Pontevedra habe ich bei einer Farmacia vier Grad auf dem Thermometer abgelesen. Eine gefühlte Stunde später kommt der Hinweis auf eine Tapas-Bar. Der Fernseher tut mir den Gefallen, nicht anzugehen, und so mache ich in wohltuender Ruhe eine ausgiebige Pause. Einen schönen Stempel mit Jakobsmuschel bekomme ich hier auch noch als Andenken in meinen Pilgerpass. Achtzehn Felder sind noch frei. Es ist ja auch nur eine kurze Pilgerfahrt ab Porto.

Der Nachmittag könnte den Titel „Spanien unterm Regenschirm" bekommen. Eingeschränkte Sicht, den Blick nur für den Weg, Pfützen wollen umgangen werden. An jeder Wegmündung Orientierung nach den Zeichen, denn der Regenschirm verdeckt auch die Übersicht über die gelben Pfeile. Gefühlt bin ich schon dreimal in Caldas de Reis angekommen, die Meilensteine bringen mich immer wieder zurück in die Realität: „Noch lange nicht angekommen, lauf weiter!" In Caldas de Reis freue ich mich über die offene Kirchentür, doch die Innentüren sind verschlossen, nur den Turm darf ich besichtigen – schade. Bei den Bars habe ich die Qual der Wahl. Mein Jetzt wird auch wieder geeicht: Viertel vor drei. Meine gefühlte, ausgesprochene Langsamkeit war gar keine, ich liege voll in meinem Pilgertempo. Von meinem Tisch in der Bar habe ich einen guten Blick auf die Post, eben war sie noch geschlossen. Sollten die schon lange geschriebenen Postkarten doch noch auf den Weg kommen? Die Bedienung holt ihr ganzes Schulenglisch heraus. Eine Runde Herren kommt herein und einer unterhält sich ein paar Takte mit mir in Englisch. Aus reinem Vergnügen sprechen

die fünf Spanier mit englischen Brocken unterlegt weiter. Das tut mir gut, nachdem ich den ganzen Nachmittag nur den Scheuklappenblick auf den Weg hatte. Doch eins war auch heute Nachmittag einfach nur gut. An keinem meiner Gedanken habe ich mich festgebissen. Sie kamen und flossen durch. Viel rein Privates, das nicht im Büchlein landet, war auch wieder dabei. Es tut gut, die viele Zeit auf dem Weg zu haben, es tut gut, Gedanken fließen lassen zu können ohne Ziel, ohne Ergebnisanspruch. Nur ein Ziel ist klar: Santiago. Und der Weg ist so einfach: immer den gelben Pfeilen nach.

In der Bar bekomme ich den Weg zum Hotel „Lotus" beschrieben, eben bin ich, ohne es zu merken, schon daran vorbeigelaufen. Nach dem Pflicht-

programm kommt der Rundgang durch die Stadt. Jetzt ist die Kirche offen, also setze ich mich in eine Bank und lasse den Raum auf mich einwirken. Bei der Wahl der nächsten Bar lasse ich mir Zeit und finde schließlich, was ich gesucht habe. Eine Bäckerei mit ein paar Tischen, das sind immer die besten Pausenplätze für mich. Ich studiere noch einmal den Führer, denn ich will morgen auf Sebastians Rat hin den Abstecher zum Santiaguiño do Monte in Padrón nicht verpassen. Hier soll der Apostel Jakobus seine erste Predigt auf spanischem Boden gehalten haben. Nach dem Studium des Führers ist wieder ein Abschnitt im „Peace"-Büchlein dran, ohne Lesebrille liest es sich besonders intensiv.

Eine erneute Stippvisite in der Kirche, ich habe auf eine Abendmesse gehofft. Einige Gläubige sitzen still in der mittlerweile dunklen Kirche. Wieder draußen, nehme ich jetzt auch die Thermalquelle wahr. Ich bin schon oft an ihr vorbeigegangen, habe sie bisher nur als ganz normalen Brunnen gesehen. Ich werde diesen Brunnen nicht mehr vergessen, denn auf den rutschigen Stufen verliere ich den Halt. Gott sei Dank habe ich mir bei meinem Sturz nichts getan.

Mit dem Anruf von zu Hause schwappt fast etwas die Unruhe des Alltags zu mir herüber. Doch Katharina beruhigt, sie wird alles regeln und ich soll meinen Camino weiterhin genießen. Das lasse ich mir nicht zweimal sagen und genieße ein gutes und pilgergerechtes Menü mit Vino tinto aus der Region. Vor allem schaffe ich etwas – für mich – ganz Neues: Ich bewege den Ober dazu, den Fernseher auszuschalten.

Dienstag, den 15. Februar: Caldas de Reis --> Teo

Um 8:30 Uhr habe ich den ersten Marsch durch den Regen zu der Bäckerei von gestern hinter mir. Frisch gepresster Orangensaft, Café solo und ein Croissant machen meinen Pilgermorgen perfekt. Auch heute Vormittag ist wieder Spanien bei Regen angesagt. Langsam lerne ich, den Schirm auch mal beiseite zu nehmen und einen Blick für die schöne Landschaft zu haben, durch die es heute geht. Mehrere Hinweisschilder auf eine Bar lassen mich hoffen, doch als ich dort ankomme, ist die Bar geschlossen. Die kurz danach rechter Hand auftauchende Kirche ist auch zu. Nun, die nächste offene Kirche und die nächste offene Bar kommen bestimmt. Das Wettrennen gewinnt die Bar, kurz vor elf stehen Kaffee und Orangensaft vor mir. Dann geht es frisch gestärkt weiter. Ich schlendere gerade auf einer kleinen Landstraße durch einen Wald, da hält ein Jeep der Guardia Civil. Der Fahrer fragt nach meinem Credencial (Pilgerpass), also Rucksack ab und Pilgerpass hervorgekramt. Er will auch noch wissen, woher ich komme und wohin ich heute will. Ich habe den Eindruck, die Gemeinde Valga macht eine Statistik, vielleicht wird überlegt, hier eine neue Pilgerherberge einzurichten. Auf jeden Fall bekomme ich einen schönen Stempel in meinen Pilgerpass. Bald taucht linker Hand eine Kirche auf – geschlossen –, dafür ist bald eine Bar rechter Hand geöffnet. Weiter geht es durch die schöne Landschaft, immer auf und ab. Der Regen macht auch kleine Pausen und ist nie so stark, dass ich die Entscheidung, keine Regenhose angezogen zu haben, bereuen würde. Um kurz vor zwei komme ich in Padrón an und steuere zielsicher eine angenehme Bar an. Ich lerne, alkoholfreies Bier auf Spanisch zu bestellen. Danach ist mir so, als ob das jetzt besser für meinen Flüssigkeitshaushalt war als ein Café solo.

Zwischendurch kam heute wie im letzten Jahr der Gedanke auf, direkt bis Santiago durch zu gehen. Das kann ich immer noch in Teo entscheiden, darum brauche ich mir jetzt noch keine Gedanken zu machen. Grob überdenke ich noch einmal die Planung für den Rest des Tages: eine Stunde für den Abstecher zum Monte und 10,4 Kilometer, das sind zweieinhalb Stunden, bis nach Teo. Also

werde ich in meinem Schlenderschritt mit vielen Pausen gegen sechs Uhr da sein. Das ist ein guter Plan.

Die 114 teilweise glitschigen Treppenstufen hoch zum Monte schaffe ich ohne Pause, werde also nach der Legende später „in den vollen Genuss der Gnade kommen“. So jedenfalls verspricht es mein gelber Führer. Unterhalb des Kreuzes mit der Statue gibt es Dutzende von steinernen Picknicktischen und Bänken. Der Ort scheint ein beliebtes Ausflugsziel zu sein. Ich bin heute allein hier und genieße die Ruhe. In der Herberge lasse ich mir meinen Pilgerpass abstempeln, denn auf den letzten hundert Kilometern soll man ja mindestens zwei Stempel pro Tag nachweisen. Und ich möchte nicht nur die Stempel der Bars am Weg sammeln. Ich überlege, ob ich die Compostela überhaupt abholen werde. Brauche ich eine dritte Compostela an der Wand? – Nein, die brauche ich nicht, denn ich weiß, dass ich da war – ich bin mir sicher, morgen in Santiago anzukommen. Doch es ist eine schöne Erinnerung in meinem Flur. Immer, wenn ich meine Wohnung verlasse oder nach Hause komme, gibt mir der Blick auf diese Urkunden ein Stückchen Caminopower. Außerdem freue ich mich jetzt schon darauf, mit meiner Compostela bei Conny im Lädchen aufzutauchen und um eine professionelle Einrahmung meines Caminos zu bitten. Erst dann ist er abgeschlossen. Ein paar Riten gestatte ich mir auch, ich werde mir die Compostela morgen wohl abholen.

Um kurz nach vier taucht ein Hinweisschild auf eine Bar fünfzig Meter abseits vom Weg auf. Nach meiner Erinnerung ist das die letzte Bar vor Teo, also schwenke ich ein und entrinne für kurze Zeit dem Regen.

Zwischendurch sind die Entfernungsangaben bis Santiago verwirrend. Ein Schild verspricht 16 Kilometer, an der Nationalstraße sind es für Autos 17 Kilometer, der nächste Meilenstein entspricht der Realität: 23 Kilometer. Der Weg für uns Fußgänger führt durch jeden Hinterhof und ist mindestens zwanzig Prozent länger als die Straßenverbindung. Doch was macht das heute mit mir? Obwohl ich heute schon 26 Kilometer unterwegs bin, sagt mein Bauch bei der Angabe „noch 16 Kilometer bis Santiago“: „Das schaffst Du heute noch“, und ich plane den Abend, das Hotel, einfach alles. Bei dem Schild „23 Kilometer“ bin ich wieder auf dem Boden der Realität. Stopp in Teo und entspannter Einmarsch morgen zur Mittagsmesse in Santiago. Dann habe ich Glück, es gibt einen leichten Hagelschauer, aber eine offene Kirche ist in Sicht. Ich dränge mich im Turm unter die Gläubigen, denn die Messe hat gerade begonnen. Ich verweile, die Rituale sind mir vertraut. Auch wenn ich kein Wort verstehe, erschließt sich mir doch die gute Nachricht. Danach geht es noch etwas über eine Stunde bis nach Teo, wo ich um halb sieben einlaufe. Ich bin wieder der einzige Pilger. Die Herberge ist modern und sauber, so, wie ich sie in Erinnerung habe. Nach dem Pflichtprogramm braue ich mir einen Kaffee, bevor ich mich um das Abendessen kümmere. Ich bekomme den Schlüssel der Herberge, also bin ich zeitlich frei. Das schicke Restaurant, das ich vom letzten Jahr in Erinnerung habe, hat leider geschlossen. Doch eine Bar bietet auch ein Pilgermenü an. Also wird das Schlemmen auf morgen verschoben. Die Frage „Was hat dieser Camino mir gegeben?“ brennt unter der Stirn. Mein Bauch antwortet schlicht: „Viel.“ Mein Verstand ist damit nicht zufrieden. „Ich habe das Hier und Jetzt gefunden“, formuliert er. „Okay“, sagt der Bauch, „das auch.“ Der Verstand legt nach: „Ich habe Gott getroffen.“ Wieder nur ein „Okay, das auch.“ vom Bauch. Während ich esse und daher nicht mitschreiben kann, unterhalten sich die beiden munter weiter. Das letzte Wort hat der Bauch: „Sag ich doch – viel.“ Kein Wunder, schließlich hat der Bauch mich auf den Camino geschickt. Und ich hoffe, er wird nicht müde, mich immer wieder loszuschicken. „Weil es mir guttut“, schiebt der Verstand nach, er will doch immer das letzte Wort haben.

Mittwoch, den 16. Februar: Teo --> Santiago

Um Viertel nach acht breche ich auf. Auch heute Vormittag ist wieder der Regenschirm schützend über mir aufgespannt. Punkt zehn ist eine Bar zur Stelle, der erste Café solo für heute. Auf den Kilometersteinen findet der Countdown statt, bei sechs bin ich derzeit. Weiter geht es, die Kathedrale von Santiago zieht, ich will pünktlich sein. Auf den letzten Metern ist Petrus gnädig und lässt auch einmal die Sonne scheinen. Ich habe genug Zeit, die Compostela im Pilgerbüro abzuholen, und finde im Seitenschiff der Kathedrale in der ersten Reihe einen Platz. Diese Messe wird nur von einem Priester gehalten. Mir gefällt, wie vergleichsweise schlicht es in der Zeremonie abgeht. Die Nonne mit dem schönen Sopran singt auch dieses Jahr wieder. Ich fühle mich zu Hause. Ich bin angekommen,

nicht nur in Santiago. Nach der Messe kommt das Thema „Nach Hause, aber wie?" auf. In der Touristeninformation diskutiere ich mit der Dame die Optionen: Flug, Bahn, Bus. Schließlich zeigt sie mir zwei Reisebüros zur Auswahl auf dem Stadtplan. Das eine finde ich leicht, daran bin ich gerade fast vorbeigelaufen, als ich in die Stadt kam. Die Dame dort ist nett und der Flug für morgen ist billiger als mein vorgebuchter Rückflug vom Camino Francés im Jahr 2009. Es hätte auch noch heute geklappt, doch was dieser Flug mehr gekostet hätte, investiere ich lieber in ein Hotelzimmer. Jetzt habe ich volle 24 Stunden Zeit für Santiago. Ich bin mir so sicher, in „meinem" Hotel, in dem ich nach dem Camino Francés so gut genächtigt habe, wieder ein Zimmer zu bekommen. Doch als ich dort ankomme, öffnet niemand. Vielleicht ist es in der Nebensaison geschlossen? Also ist der Stadtrundgang verbunden mit einer Hotelsuche. Ich habe ja viel Zeit und notfalls ist da auch noch die Herberge am Monte do Gozo. Also alles kein Problem. Ich genieße die Stadt so, wie man eine Stadt in strömendem Regen genießen kann. Dieses Mal darf ich Souvenirs kaufen. Ich suche eine Bar auf zum Trocknen und um eine Liste zu schreiben. „Zwanzig Kilo plus Handgepäck", hat mir gerade die Dame bei der Travel Agency gesagt. Die Liste wird zusammengestrichen.

Ein gutes Hotel ist gefunden, Souvenirs sind gekauft, Katharina ist informiert, wann ich auf dem Flughafen Köln/Bonn aufschlage. Ein gepflegtes Café gönne ich mir nach all den „Anstrengungen". Mir geht's gut, ich fühle mich in Santiago zu Hause und gleichzeitig freue ich mich auf das Zuhause in Wahlscheid. Die Frage nach dem Zuhause, die heute in der Messe schon einmal im religiösen Sinn hochschwappte, kommt nun auch auf der weltlichen Ebene hoch: Zu Hause bin ich, wo ich mich wohlfühle. Zu Hause bin ich, wo ich Freunde habe. Ich kann es nicht lassen, noch für weitere fünf Freunde kaufe ich Souvenirs ein, um ein bisschen Santiago-feeling ins Wahlscheider Zuhause zu tragen.

Die Abendmesse gönne ich mir auch noch. Wieder gehe ich nicht zum Abendmahl. Das Erlebnis der zurückgezogenen Oblate in Rabanal letztes Jahr sitzt doch noch tiefer, als ich vermutet habe. Und so bleibt der Gottesdienst für mich unrund, obwohl ich mich in der Kirche heimisch fühle. Vielleicht einigen sich die christlichen Kirchen ja einmal, sodass Gläubige anderer „Ausprägungen" des christlichen Glaubens gegenseitig am Abendmahl teilnehmen dürfen. Wenn ich schon nach Santiago gepilgert bin, darf ich mir vielleicht ja auch mal etwas wünschen.

Für das leibliche Wohl finde ich ein schönes Tapas-Restaurant. Der Erfolg des Abends ist: Mein Spanisch reicht aus, ich brauche nicht auf Englisch auszuwählen. Noch ein paar Caminos und ich kann mich perfekt Spanisch unterhalten. Doch zunächst ist ein deutscher Weg geplant: Im Mai will ich von Schengen nach Wahlscheid gehen. Für September ist wieder ein spanischer Weg auf der Wunschliste: der Camino del Norte oder der Camino Primitivo. Eins ist auf jeden Fall klar: Ob Camino, Jakobsweg, Via Francigena oder Fernwandern, ich werde mich wieder aufmachen.

Ich habe vom ersten Camino noch in Erinnerung, wie schwer es ist, sich danach zu Hause wieder in den Alltag hineinzufinden, besonders, wenn man die Rückreise mit dem schnellen Flug antritt. Und so stimme ich mich auf der abendlichen Abschiedsrunde durch Santiago langsam auf den Alltag in der Heimat ein. Ich bin diesen Camino in nur elf Tagen gegangen, doch ich war in diesen elf Tagen in einer anderen Welt, nicht nur räumlich. Ich war in der Welt der Peregrinos. Heute Abend in Santiago bin ich in der Welt der Spanier.

Donnerstag, den 17. Februar: Santiago --> Wahlscheid

Es kommt mir vor, als ob Sonntag ist, kein Wecker, nicht die Notwendigkeit, früh loszukommen. In aller Ruhe packe ich meinen Rucksack ein letztes Mal. Vor allem die Souvenirs werden frachtgerecht eingepackt. Kurz kommt der Gedanke auf, den Rucksack bis zum Abflug im Hotel zu lassen – nein – ich will unabhängig sein und alles bei mir haben. Um Viertel vor zehn genieße ich meinen ersten Café solo zehn Schritte neben der Kathedrale. Dann ist Kultur angesagt: Das Museum der Kathedrale lädt mich ein. Der Rucksack weist mich als Peregrino aus und ich erhalte ermäßigten Eintritt. Nach so viel Kultur ist wieder ein Café solo angesagt. Es ist noch genug Zeit, bis zur Mittagspause eine sorgfältige Auswahl des Cafés zu treffen. Dabei lerne ich Santiago noch besser kennen und verabschiede mich gleichzeitig Schritt für Schritt von meinem Camino, obwohl ich noch meine Pilgerschuhe anhabe. Zur Messe in der Kathedrale bin ich früh genug, um noch in Ruhe an der Apostelstatue vorbeizugehen und für einen guten Camino zu danken. Ich bekomme wieder einen Platz in der ersten Reihe, diesmal im Mittelschiff. Der weltliche Abschluss, wie soll es bei mir anders sein, findet in dem Café „Jacobus" statt.

Die Fahrt mit dem Airportbus geht teilweise am letzten Stück des Camino Francés entlang. Aus dem Fenster sehe ich einige Pilger kurz hinter dem Monte do Gozo. Schöne Erinnerungen kommen hoch. Ich habe auf diesem Camino nur einmal Pilger getroffen. An ein paar anderen bin ich in Santiago mit einem „Buen Camino!" vorbeigegangen. Es war ein einsamer Weg, doch was konnte ich um diese Jahreszeit anderes erwarten. Letztes Jahr war zwar auch im Januar etwas los, aber es war ja auch ein Heiliges Jahr. Da machen sich mehr Pilger auf den Weg.

Streng nach meinem Kernsatz, dem Negativen keine Kraft zu geben, habe ich in der Berichterstattung alle Dinge weggelassen, die mich gestört haben, die mir teilweise auch Angst auf diesem Camino gemacht haben. Es waren Dinge, die mich in meinem behüteten Umfeld auch stören und unsicher machen. Diese Dinge gemeistert zu haben und dabei bei mir geblieben zu sein, ist eine der positiven Erfahrungen, die ich gemacht habe. In einem Gästebuch habe ich den Eintrag eines Pilgers gefunden: „Alle schreibt ihr, wie toll das alles ist. Für mich ist heute alles einfach nur schlecht, aber ..." Und es folgen persönliche Worte, die das „Warum" erklären.

War alles einfach nur toll? Habe ich den Camino nur durch die rosarote Brille gesehen? Man braucht schon eine rosarote Brille, um den Gang an einer Nationalstraße ohne Seitenstreifen toll zu finden, und es ist mir schwergefallen, den Vagabunden und Bettlern zu begegnen, die dieser Weg auch angezogen hat. So viel mir der Weg auch dieses Mal wieder gegeben hat, ich bin doch froh, dass ich ihn mit der goldenen Kreditkarte gehen durfte. Vor allem freue ich mich auf mein behütetes Zuhause, auf Katharina und meine Freunde.

Wenn ich auf meine Caminos zurückblicke, war das Schwierigste immer das Zurückkommen – nicht räumlich gemeint. Heute erlebe ich es bewusst, in aller Langsamkeit des Wartens, kombiniert mit der Geschwindigkeit der Fortbewegung. Während ich hier in Santiago auf den Abflug warte, habe ich meine Seele schon einmal losgeschickt in Richtung Zwischenstopp auf Mallorca. So kommen wir beide gleichzeitig dort an.

Ich komme mit einem anderen Pilger ins Gespräch. Er ist im Oktober in Deutschland losgegangen. Mein Traum, den Weg einmal ganz zurückzulegen, wird durch seine Erzählung wieder wach. In Mallorca verabschiedet er mich mit den Worten: „Vielleicht sehen wir uns ja mal wieder auf dem Weg." Abschied in sanften Etappen vom Camino.

Angekommen: Camino at home

Der Alltag hat mich diesmal direkt wieder eingefangen, kein Wunder bei so einem kurzen Camino. Und doch, es war ein echter, ein richtiger Camino. Auf meinem Poststapel, der mich zu Hause empfängt, findet sich der Kunst- und Kulturführer „Der spanische Jakobsweg" von Bettina Marten. Eine Klassenkameradin aus der fünften bis sechsten Klasse hatte mir den ans Herz gelegt, bevor ich mich auf meinen Camino Português machte. Das Lesen in diesem Büchlein und das Abtippen meines Tagebuches hält mir den Camino wach. Es tut mir gut, wenn ich die Reaktion meiner Caminofreunde via Facebook und E-Mail erhalte, dass meine Berichte ihre Caminoerinnerungen wieder wachrufen. Nur die Mitteilung meiner Pilgerfreundin Edith aus der Steiermark sei hier wiedergegeben: „Wenn man die Augen schließt, hat man das Gefühl, selbst wieder da zu sein. Der Camino hat schon was, man kann es nur nicht erklären."

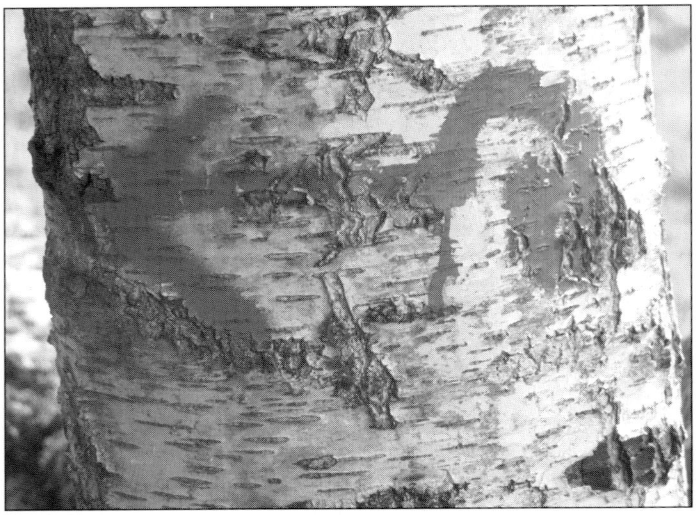

Literatur

Joos, Raimund: Portugal Spanien: Jakobsweg Caminho Português: von Porto nach Santiago de Compostela. 2. Aufl. Welver: Stein, 2008 (Outdoorhandbuch, Der Weg ist das Ziel 185). – ISBN 978-3-86686-185-5

Küstenmacher, Werner Tiki; Seiwert, Lothar J.: Simplify your life: einfacher und glücklicher leben. Vollst. Taschenbuchausg. München: Knaur, 2008 (Knaur 78042). – ISBN 978-3-426-78042-8

Langenscheidt-Redaktion (Hrsg.): Langenscheidt Universal-Wörterbuch Spanisch: Spanisch – Deutsch; Deutsch – Spanisch / Haberkamp de Antón, Gisela (Bearb.); Müller, Anette (Hrsg.). Neubearb. Berlin: Langenscheidt, 2010. – ISBN 978-3-468-18349-2

Link, Manolo: Ein neues Leben auf Bali: Insel der Götter. 3. Aufl. Schweinfurt: Wiesenburg, 2010. – ISBN 978-3-940756-53-4

Marten, Bettina: Der spanische Jakobsweg: Ein Kunst- und Kulturführer. Stuttgart: Reclam, 2011 (Reclams Universal-Bibliothek 18792). – ISBN 978-3-15-018792-0

Rabe, Cordula: Spanischer Jakobsweg: von den Pyrenäen bis Santiago de Compostela. 5. überarb. Aufl. München: Rother, 2009 (Rother Wanderführer). – ISBN 978-3-7633-4330-0

Thich-Nhat-Hanh: Ich pflanze ein Lächeln: Mit einem Vorwort des Dalai Lama / Wostry, Axel (Sprecher). Ungekürzte Lesung. Schwäbisch Hall: Steinbach, 2010. – 3 Audio-CDs. – ISBN 978-3-86266-016-2

Thich-Nhat-Hanh: Peace Is Every Step: The Path of Mindfulness in Everyday Life / Kotler, Arnold (Hrsg.). New York: Bantam, 1992. – ISBN 0-553-35139-7

Tolle, Eckhart: Jetzt!: Die Kraft der Gegenwart / Bolam, Christine [Übers.]; Nentwig, Marianne [Übers.]. Audio-Version. Bielefeld: Kamphausen, 2003. – 8 Audio-CDs. – ISBN 3-933496-71-3

Stempel des Credencial del Peregrino (Pilgerpasses) und Compostela der Pilgerfahrt im Februar 2011

CAPITULUM hujus Almae Apostolicae et Metropolitanae Ecclesiae Compostellanae sigilli Altaris Beati Jacobi Apostoli custos, ut omnibus Fidelibus et Peregrinis ex toto terrarum Orbe, devotionis affectu vel voti causa, ad limina Apostoli Nostri Hispaniarum Patroni ac Tutelaris **SANCTI JACOBI** *convenientibus, authenticas visitationis litteras expediat, omnibus et singulis praesentes inspecturis, notum facit:* Dnum

Hermannum Heinz Helmut Wenzel

hoc sacratissimum Templum pietatis causa devote visitasse. In quorum fidem praesentes litteras, sigillo ejusdem Sanctae Ecclesiae munitas, ei confero.

Datum Compostellae die 16 *mensis* februarii *anno Dni* 2011.

SIGILLUM + CAPITULI + BEATI + JACOBI + COMPOSTELLAE

Canonicus Deputatus pro Peregrinis

Certificación de Paso

FIRMAS Y SELLOS

CENTRO DE ESTUDOS JACOBEUS
CAMINHOS PORTUGUESES
A
SANTIAGO DE COMPOSTELA

Fecha:

FABRICA DA CATEDRAL DO PORTO

Fecha: 6/2/2011.

B.V. Porto

Fecha: 06/2/2011

Residêncial Santa Marinha
★★★
Via José Régio, 1330
Vilar do Pinheiro
4485-860 Vilar do Pinheiro
Telef. 22 927 15 20
Cont. N.º 147 431 590

Fecha: 7.2.2011

Albergue S. Pedro Rates Caminho Português

Fecha:

7-2-2011

Fecha:

Café Restaurante Real
Pedra Furada - Barcelos
Telf. 252 950 663

8-2-11

Fecha:

Fecha:

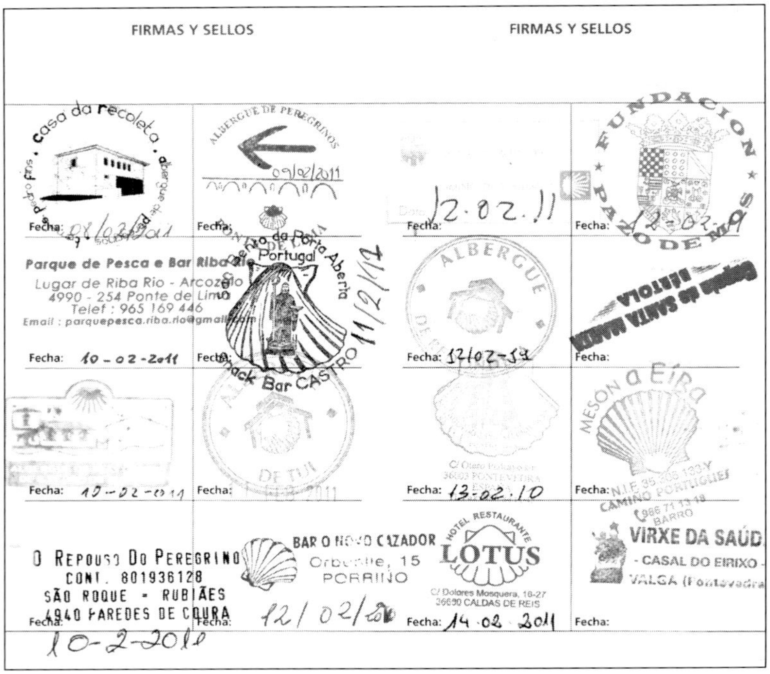
FIRMAS Y SELLOS
FIRMAS Y SELLOS
casa da recoleta
Fecha:
Fecha:
Fecha: 12.02.11
FUNDACION PAZO DE MOS
Fecha:
Parque de Pesca e Bar Riba Rio
Lugar de Riba Rio - Arcozelo
4990 - 254 Ponte de Lima
Telef : 965 169 446
Portugal
Snack Bar CASTRO
ALBERGUE
Fecha: 10-02-2011
Fecha:
Fecha:
Fecha:
DE TUI
MESON a Eira
CAMINO PORTUGUES
Fecha: 10-02-2011
Fecha:
Fecha: 13-02-10
Fecha:
O REPOUSO DO PEREGRINO
CONT. 801936128
SÃO ROQUE - RUBIÃES
4940 PAREDES DE COURA
BAR O NOVO CAZADOR
Orbenlle, 15
PORRIÑO
HOTEL RESTAURANTE LOTUS
C/ Dolores Mosquera, 18-27
36650 CALDAS DE REIS
VIRXE DA SAÚDE
- CASAL DO EIRIXO -
VALGA (Pontevedra)
Fecha:
Fecha: 12/02/2011
Fecha: 14-02-2011
Fecha:
10-2-2011

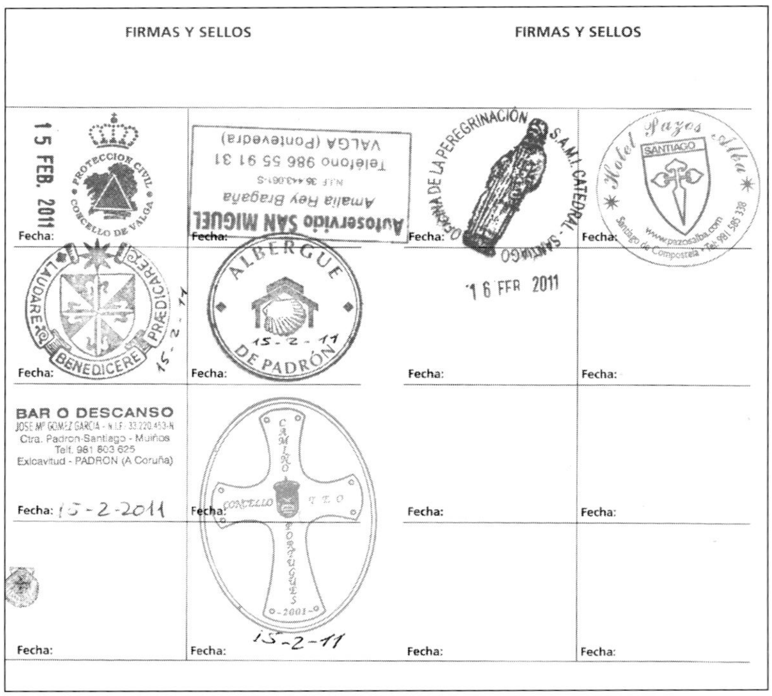
FIRMAS Y SELLOS
FIRMAS Y SELLOS
15 FEB. 2011
PROTECCION CIVIL
CONCELLO DE VALGA
Autoservicio SAN MIGUEL
Amalia Rey Bragaña
Teléfono 986 55 91 31
VALGA (Pontevedra)
OFICINA DE LA PEREGRINACIÓN S.A.M.I. CATEDRAL - SANTIAGO
Hotel Pazos Alba
SANTIAGO
Fecha:
Fecha:
Fecha:
Fecha:
LAUDARE BENEDICERE PRAEDICARE
15-2-11
ALBERGUE DE PADRÓN
15-2-11
16 FEB 2011
Fecha:
Fecha:
Fecha:
Fecha:
BAR O DESCANSO
Ctra. Padron-Santiago - Muiños
Telf. 981 803 625
Exlcavitud - PADRON (A Coruña)
CAMIÑO PORTUGUES
Fecha: 15-2-2011
Fecha:
Fecha:
Fecha:
Fecha:
Fecha:
15-2-11
Fecha:
Fecha:

126

Hermann Wenzel
Pilgername: Der Karierte

Geboren bin ich 1951 in Kleinmachnow, Kreis Potsdam. Als ich fünf Jahre alt war, sind meine Eltern aus der DDR nach Westberlin geflüchtet. Aufgewachsen, Schule und Studium in Berlin.

Als ich mein Diplom als Mathematiker in der Tasche hatte, gab es mehr Menschen mit meiner Begabung, als in Berlin gebraucht wurden. Also bin ich 1978 nach Essen und später (1980) nach Wahlscheid bei Köln/Bonn gezogen.

Meine Tochter ist noch in Berlin geboren, der älteste Sohn in Essen und die weiteren drei Söhne in Engelskirchen.

Seit 2006 bin ich im Ruhestand und lebe Tür an Tür mit meiner Lebenspartnerin Katharina in Wahlscheid.

Meine Hobbys neben dem Pilgern sind Singen und Fotografieren.

Der Pilgervirus hat mich 2007 in einem Telefonat mit meinem Freund Bruno angefallen. 2009 bin ich das erste Mal auf dem Camino Francés losgepilgert, der im ersten Band „In 44 Tagen bis ans Ende der Welt“ beschrieben wird. Das Pilgern hält mich seitdem gefangen. Im Jahr 2010 habe ich auf zwei Pilgerfahrten und 2011 auf drei Pilgerfahrten je meine 800 bis 900 Kilometer abgespult. Mit jedem Schritt bin ich mir dabei näher gekommen.

Mein nächstes großes Pilgerziel ist die Via Francigena von Canterbury nach Rom, die ich in Etappen über die nächsten Jahre verteilt gehen möchte. Den ersten Abschnitt ab Canterbury bin ich zusammen mit meiner Pilgerfreundin Michelle aus Florida im Juni 2011 gegangen.

* * *

Hermann Wenzel:

Von einem, der auszog, das Pilgern zu lernen – Band 1
In 44 Tagen bis ans Ende der Welt

Hardcover, 21x23 cm, fest gebunden, 124 Seiten, 122 Fotos und Abbildungen, 722 g; ISBN 978-3-939829-24-9; **€ 14,95**

erhältlich in jeder Buchhandlung oder beim Verlag unter www.ratio-books.de

Kann man als „Evangele“ pilgern? Diese Kardinalfrage kam dem Autor bei der Planung seiner ersten Pilgerfahrt. Das Grab des Apostels Jakob in Santiago de Compostela war für ihn nur ein historisch bedeutender Ort, doch auch er spürte die Kraftlinien, die schon dort waren, als es noch keine Christenheit gab.
Der Weg sind für Hermann Wenzel die Menschen, die er kennenlernen durfte und mit denen er noch heute in regem Kontakt steht, aber auch die Ruhe des Alleinlaufens. Für ihn war immer das in dem Moment spürbar, was er mental gerade brauchte.
Der Weg hat ihn gelassener, weniger ängstlich, zuversichtlicher und glücklicher gemacht. Begleiten Sie den Autor in seinen Tagebuchaufzeichnungen.

Kommentare zum Buch:

Ich habe das Buch gestern Abend noch durchgelesen ... und bin wieder auf dem Camino. Bin völlig begeistert ...!!!

***

Absolut lebendig und hilfreich, toll geschrieben, bin total begeistert und werde es weiterempfehlen!!

***

Ich muss sagen, RESPEKT, so was zu schreiben, den Weg zu beschreiben, wie Du ihn erlebt hast, und trotzdem nicht sein Innerstes preiszugeben. Ist Dir sehr gut gelungen.

***

Das Buch hat mir wirklich gut gefallen, da du auch eine ordentliche Portion Selbstironie mit beigefügt hast.

***

Your book arrived. What an achievement. I am sitting quietly enjoying every minute of this beautiful book. I can even read some of the people’s names and bits and pieces. I do love MY photo of you. The first thing I ever had put in a book. Well done again on a beautiful book on the most special walk ..... „the Camino“

***

Deine Ausdrucksweise spricht mich sehr an und man kann es wirklich gut weglesen. Toll geschrieben! Ganz viel Lob und Anerkennung!

***

...ich fand auch schön, dass Du die Vorbereitungen für den Camino mit eingeschlossen hast. Dabei habe ich mich dann auch schmunzelnd wiedergefunden.Gratuliere - ein Buch für Nachfolger auf dem Camino - wie mich!

***

Es ist wirklich ein schönes Gefühl, in Gedanken den Camino noch einmal zu laufen. Ich muss auch zugeben, dass es die eine oder andere Stelle gab, an der ich eine Träne nicht zurückhalten konnte.

***

Das Buch ist super geschrieben. Vor allem aber finde ich, „man hat richtig etwas in der Hand“. Hardcover und ansprechende Farben machen einen „handfesten“ ersten Eindruck und auch inhaltlich setzt sich der gute Eindruck fort.

***

Es war sehr schön Dich auf dem Weg begleiten zu dürfen. Du hast so anschaulich und witzig erzählt, dass ich mir vieles wirklich bildhaft vorstellen konnte.

***

Dein Buch ist fantastisch......es ist so lebendig und ich habe so viele Bilder im Kopf.......so viele Situationen sind wieder präsent.......so viele tolle Menschen wieder da....... als wäre ich nochmal da......Dafür 1000 Dank!!!!

***

Was mich aber am meisten bewegt hat, sind wohl die Gedanken, Überlegungen, Zweifel, Entscheidungen, Fragen, die dir auf dem Weg durch den Kopf oder Bauch geflossen sind.

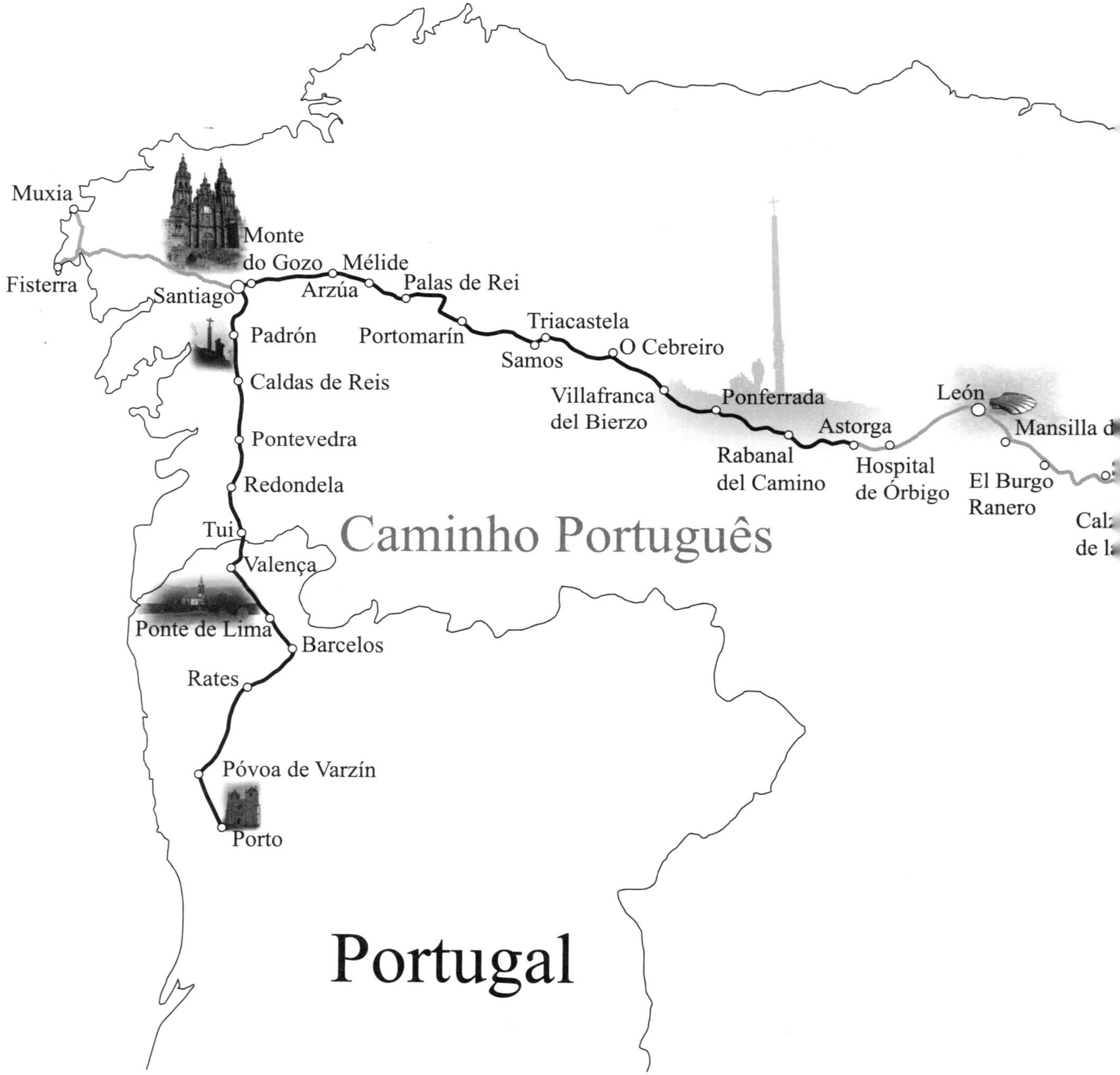

Muxia
Fisterra
Monte
do Gozo
Santiago
Mélide
Arzúa
Palas de Rei
Portomarín
Triacastela
Samos
O Cebreiro
Villafranca
del Bierzo
Ponferrada
Astorga
Rabanal
del Camino
Hospital
de Órbigo
León
Mansilla d
El Burgo
Ranero
Padrón
Caldas de Reis
Pontevedra
Redondela
Tui
Valença
Caminho Português
Ponte de Lima
Barcelos
Rates
Póvoa de Varzín
Porto
Portugal